감추인
십자가를 그리다

'성경 말씀'과 '영감 있는 성화'와
'개척 교회의 경험'을 통해서 얻은
십자가에 대한 깊은 통찰력

박영직 지음

전태영 그림

나침반

특별히_____님께
이 소중한 책을 드립니다.

차례

시작하는 글

십자가

세상 사람들은 힘들 때 그림을 그린다.
그 그림에는 아픔이 담겨있다.

그러나 기독교인은 은혜 받았을 때 그림을 그린다.
그 그림에는 찬양과 간증이 있다,

그것은 거룩한 성화(聖畵)로서
하나님을 만나는 통로가 되고,
우리에게 더욱 더 분명한 믿음을 준다.

초등학교 4학년 때,
약수를 뜨기 위해 홀로 산에 올라간 일이 있었다.
시간 가는 줄도 모르고 놀다가 캄캄한 밤이 되었다.
가로등불 하나 없는 산길은 너무 무서웠다.
낮에는 너무 익숙했던 길도 분별하기 어려웠다.
나도 모르게 두려움에 휩싸여 눈물을 흘렸다.
바로 그때, 우리 집에 있던 성화가 떠올랐다.

내 방에는
한 어린 소녀가 홀로 어두운 밤에 산길을 걷는 그림이 있었다.
그런데 소녀 위로 천사가 서서
자신의 몸으로 소녀를 감싸고, 보호하고 있었다.
이제 아무리 캄캄하고, 아무리 무서운 짐승이 많아도

그 소녀는 안전하다.

천사의 보호를 받고 있기 때문이다.

그림 속에 있던 소녀처럼,

바로 지금 나를 지켜주실 주님이 생각났다.

그러자 두려움은 일순간에 사라졌다.

캄캄한 산길을 홀로 걷고 있는 상황은 변하지 않았다.

그러나 거룩한 성화 한 장은 내 마음에 용기와 평화를 주었다.

거룩한 이미지를 담은 성화는 두려움보다 더 큰 믿음을 주었다.

하나님의 부르심을 받고, 태평양교회 개척을 준비할 때였다.

어릴 적 나에게 힘을 주었던 바로 그 성화가 생각났다.

그래서 성령 충만한 교회가 되기를 위해 기도하며,

그에 합당한 성화를 한 장 달라고 간구했다.

영감 있는 성화를 통해

사람들의 마음을 열고 복음을 심어주기 위해!

교회를 찾아 온 사람들에게 위로와 힘을 주기 위해!

마귀가 주는 달콤한 사탕보다

주님의 십자가가 더 좋다는 것을 강하게 심어주기 위해!

난 단지 성화 한 장을 구했을 뿐이었다.

그런데 기적이 일어났다.

하나님께서는 내가 기도할 때, 전태영작가를 만나게 해주셨다.

그를 통해 영감이 넘치는 수많은 성화들을
우리 교회에서 전시하게 하셨다.
이처럼 하나님께서는 구하는 자에게는
"생각하는 것에 더 넘치도록 능히"(엡 3:20) 주신다.

하나님께서는 천지만물에 거룩한 그림을 그리셨다.

"창세로부터 그의 보이지 아니하는 것들
곧 그의 영원하신 능력과 신성이
그가 만드신 만물에 분명히 보여 알려졌나니
그러므로 그들이 핑계하지 못할지니라"(롬 1:20)

하나님께서는 전태영작가의 눈을 열어
천지만물 속에서
하나님께서 그리신 십자가 형상을 보게 하셨다.
그는 하나님께 받은 영감과 지혜로 충만하여
자기 그림에 십자가를 그려 넣었다.
그의 그림에는 십자가가 가득하다.

전태영작가의 성화를 볼 때마다
십자가에 대한 새로운 은혜와 깊은 영감을 얻게 되었다.

마치 "밭에 감추인 보화"(마 13:44)를 캐내는 기쁨을 누렸다.

작품에서 영감을 얻을 때마다
내가 얼마나 행복했는지, 상상도 못할 것이다.
십자가가 얼마나 사랑스러운지,
뛰쳐나가서 자랑하고 싶었던 때가 한 두 번이 아니었다.
이렇게 놀라운 지혜! 사랑! 생명! …
세상 모든 사람들이 전부 다 넉넉하게 누리고도 남을 만큼
풍성한 은혜!

이것을 나 혼자만 누린다면,
주님께 책망과 심판을 받을 것이 뻔했다.
난 이 보배로운 십자가를 자랑할 수밖에 없었다.

그러나 이 귀한 소식을 가볍게 흘려버리는 사람들이 많았다.
귀한 보물을 보지도 못하고,
누리지 못하는 사람들이 안타까웠다.
"무릇 있는 자는 받아 풍족하게 되고
없는 자는 그 있는 것까지 빼앗기리라"(마 25:29)

전태영작가의 그림에 있는 십자가는 눈에 잘 보이지 않는다.
그러나 천천히 그 그림을 감상하다가 눈이 열려
단 한 번만 그 십자가를 보게 된다면,

나중에는 십자가만 보게 된다.

그러므로 이 책은 작품 하나하나를 감상하면서

천천히 읽으며, 묵상하는 것이 좋다.

그러면 보배로운 십자가의 은혜를 마음껏 맛볼 수 있을 것이다.

나는 그의 그림에서

십자가 보물을 캐내며 날마다 행복했다.

십자가 그림을 보면 볼수록 더욱 십자가를 그리워하며,

'십자가를 그리다'를 쓰게 되었다.

먼저 제 1부에서는

전태영작가의 작품을 통해 십자가를 보는 눈이 열리고,

죽음, 변화, 칭의, 성화의 과정을 통해

십자가와 하나가 되는 것을 경험하게 될 것이다.

제 2부에서는

십자가와 하나 되어

화해, 사랑, 희생, 생명, 지혜, 승리로 살게 될 것이다.

여기서 성경은 개역개정을 인용했다.

십자가의 은혜는

상가에 있는 작은 교회에서 목회하면서

더 크게 경험할 수 있었다.

이것은 큰 교회에서 사역할 때는 전혀 알 수 없었던 것이었다.

이 책을 읽는 독자들은

'성경 말씀'과 '영감 있는 성화'와 '개척 교회의 경험'을 통해

십자가에 대한 깊은 통찰력을 얻게 될 것이다.

날 만드시고, 십자가로 거룩하게 하신 하나님께 감사한다.

날 위해 기꺼이 십자가를 지신 예수님께 감사한다.

기쁨으로 그 은혜를 누리고 전하게 하신 성령님께 감사한다.

성화를 통해 깊은 영감과 사랑을 전해준

전태영선교사님께 감사한다.

십자가 사명을 함께 나눈 태평양교회 성도들에게 감사한다.

끝까지 나를 믿고 기도해주시는 어머니와 장모님,

든든한 후원자가 되어준 형과 형수님,

힘든 길을 묵묵히 함께 걸어준 아내 장미혜 사모와

아들 희성, 창성이에게 감사한다.

인정과 사랑을 담아 격려의 글을 써주신

김영봉목사님과 황현숙교수님께 감사한다.

이 글과 그림을 정성껏 책으로 담아준

나침반출판사의 직원들에게 감사한다.

그리고 이 글을 읽는 모든 사람들에게 감사한다.

십자가를 그리며...

박영직

이 묵상집이 출판된 것을 기쁘게 생각합니다.

신학생시절부터 총명하고 성실하고 밝았던 목사님은 목회 현장에서도 복음의 기쁨을 잔잔히 전염시키고 있습니다. 목사님은 맑은 영혼과 고운 심성으로 성도들의 영혼을 돌보면서 잔잔한 물가로 인도하고 있습니다. 그런 모습이 목회수상에서 선명하게 드러납니다.

저는 때로 문학과 예술이 신학과 철학보다 초월적인 것을 더 잘 이해하고 전달할 수 있다고 생각합니다. 목사님이 성화를 묵상의 도구로 삼은 것은 따라서 탁월한 선택이라 할 수 있습니다. 독자는 이 책에 수록된 그림과 묵상을 통해 좌뇌와 우뇌를 모두 사용하여 통합적인 묵상을 할 수 있습니다.

수록된 성화들은 작가의 깊은 기도와 열망을 느끼게 합니다. 또한 간결하고 절제된 문장은 성화의 내면으로 들어가 기도하도록 만들어 줍니다. 그동안 교회가 음악과는 가까웠지만 회화와는 거리가 있었습니다. 성상 논쟁 때문입니다. 이 묵상집을 읽으면서 저는 회화가 복음과 다시 화해하기를 소망해 보았습니다.

행복한 독서와 묵상이 되기를 기도하며…
김영봉 목사
(와싱톤사귐의교회)

인간은 그가 어떤 사랑을 하느냐에 따라 그가 어떤 인간인가가 결정된다고 합니다. 그리고 그가 추구하고 그리워하는 것, 그것을 어떻게 그의 삶속에서 실천해 가느냐에 따라 그의 아름다움이 드러납니다.

무한하신 하나님을 유한한 인간의 언어가 다 담지 못하는 하나님의 사랑을 '십자가를 그리다'로 표현하신 분이 계십니다.

박영직 목사님께서 글을 쓰시고 전태영 선교사님께서 그림을 그리시고 내놓으신 '십자가를 그리다'라는 이 작품은 인간이 언어로 담을 수 없는 그 지극하신 하나님의 사랑을 삶으로, 그림으로 표현하고 있습니다.

두 분은 십자가를 통해 유한한 언어가 다 담지 못하는 지고지순한 세계를 열어 보여주고 계십니다. 이 작품의 글과 그림은 유한한 언어 바깥에서 우리를 기다리고 계신 무한하신 하나님의 사랑의 세계로 우리를 안내해줍니다. 두 분의 글과 그림으로 우리는 이미지 너머에 존재 하는 우리 하나님의 무궁무진한 세계를 미리 맛볼 수 있게 되었습니다.

삶을 십자가와 합일시키려는 두 분의 애쓰심에 찬사와 위로를 보냅니다.

황현숙 교수
(협성대학교 신학대학)

제1부

십자가와
하나 되다

1. 맛있는 '죽음'

인자가

온

것은

섬김을 받으려 함이 아니라 도리어 섬기려 하고

자기 목숨을

많은

사람의

대속물로

주려

함이니라

막

10

45

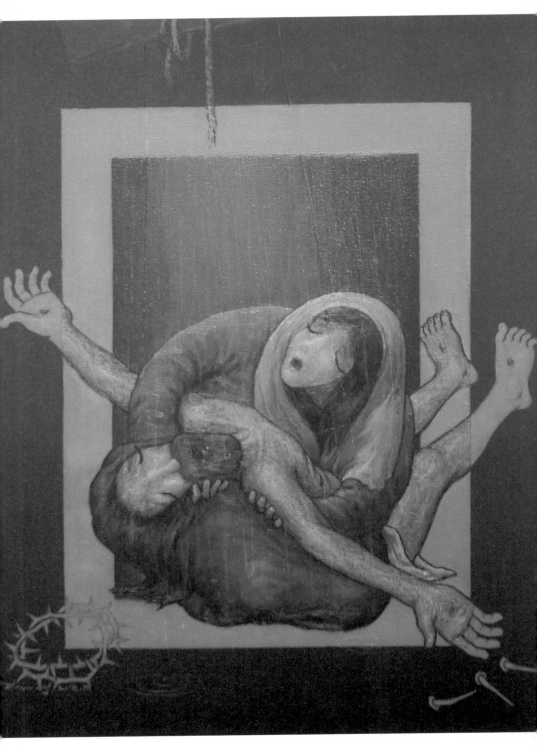

내 너를 위하여
oil on canvas 91.5 × 61.0

밥그릇에 담긴 죽음

전태영작가는 네모 상자 안에 예수님의 죽음을 담았다.
이 붉은 상자는 주님께서 흘리신 보혈로 만든 '밥그릇' 같다.
주님께서 탄생하셨던 말구유(말의 밥그릇) 같고,
지금 우리에게 차려진 거룩한 밥그릇 같다.

나는 생명을 죽이지 않고는 살 수 없는 죄인이다.
그 죽음이 없으면, 살 수 없다.
내가 살기 위해 얼마나 많은 것들이 죽어야만 하는가?

내 '육체'(肉)는 매일 생명을 원한다.
생명을 먹어야 산다.
내가 살기 위해 다른 생명을 죽여서 밥상을 차린다.

난 밥상 앞에 앉을 때마다 거룩한 마음을 품고 기도한다.

"나를 위한 이 죽음이 헛되지 않게 하옵소서!"

그리고 감사와 거룩한 마음으로 맛있게 먹는다.

원죄는 남을 죽여야만 살 수 있는 인간의 고통이 아닐까?

아마 최초의 인간은 생명(육식)을 먹지 않아도 살 수 있었으리라.

하나님께서는 생명을 죽여야만 살 수 있는 인간을 위해

먼저 살아있는 짐승을 잡아, 그 가죽으로 옷을 입혀주셨다.

천국은 이제 더 이상 생명이 생명을 먹지 않아도

살 수 있는 세상이다.

성경은 새 하늘과 새 땅의 모습을 이렇게 설명한다.

"이리와 어린 양이 함께 먹을 것이며

사자가 소처럼 짚을 먹을 것이며

뱀은 흙을 양식으로 삼을 것이니

나의 성산에서는 해함도 없겠고 상함도 없으리라"(사 65:25)

내 '마음'(魂)도 생명을 갈망한다.

이 세상에 태어난 아기는 본능적으로 엄마를 먹는다.

사랑이 가득 담긴 엄마의 육체와 젊음을 맛있게 먹는다.

엄마를 먹지 않으면, 건강하게 자랄 수 없다.

아이는 계속 자라면서 친구를, 스승을, 아내(남편)를 먹는다.

그들의 사랑을 맛있게 먹지 못하면,

마음이 배고파서 참을 수 없다.

이처럼 인간은 남을 죽여야만 사는 본성을 가졌다.
맛있게 마음껏 생명을 먹어야 하는데,
날 위해 희생하려는 사람이 적다.
그리하여 마음이 늘 배고프고 공허하다.

내 '영'(靈)도 생명을 원한다.
내 영이 살기 위해서는 뭔가 특별한 것이 죽어야만 했다.
그것은 바로 날 위해 죽으신 우리 주 예수 그리스도!
주님께서 당신의 살과 피로 맛있게 밥상을 차려놓으셨다.
그분은 내 생명을 살리는 '영의 양식'이다.
"내 살은 참된 양식이요 내 피는 참된 음료로다"(요 6:55)

우리의 생명을 위해,
자기 자신을 죽여 스스로 '밥'이 되신 예수님!
그분의 죽음에는 고결하고 숭엄한 사랑이 가득 담겨 있다.
하도 영양가가 높아서, 죽은 사람도 살리는 '생명의 양식'이 된다.

지금까지 나는 참으로 많은 생명을 먹었다.
나를 위한 그 거룩한 희생 앞에서
그 죽음의 가치만큼 값진 삶을 살고 있다고
감히 말할 수 있을까?

목회 일기

나는 두 아들의 아버지이며, 그들의 밥이다.
잠을 자다가도 어린 아들이 울면, 일어나서 달래 준다.
내가 아무리 바빠도 아들이 아프면, 병원에 간다.
놀아달라고 떼쓰면, 피곤한 몸을 일으켜서 놀아준다.
어린 아들은 내 사정을 봐주지 않는다.
아무리 피곤해도 소용없다.

인정하기 싫지만,
난 전적으로 아들의 소유가 되었다.
아들이 날 지배한다.
내 아들은 내가 없으면 살 수 없기 때문이다.
아들에게 난 절대적인 존재이다.
그리하여 난 내 삶의 소중한 시간을 아들을 위해서 사용하며,
아들을 안전하게 보호한다.

나는 하나님의 아들이며, 하나님은 내 밥이다.
그러므로 하나님께서는
우주를 주관하시느라 아무리 바쁘셔도
나의 애타는 부르짖음에 반드시 응답하신다.

나는 오늘도 그분을 맛있게 먹는다.

어머니의 눈물

어머니 마리아가 울고 있다.

어머니는 자기 생명보다 귀한 아들의 죽음 앞에서

한없이 눈물을 흘린다.

"내 아들아…! 너 없이 어떻게 살란 말이냐….

할 수만 있었다면, 네 대신 내가 죽었을 텐데….

미안하다… 아들아! 지켜주지 못해서 미안하다."

어머니 마리아와 함께

"그를 위하여 가슴을 치며

슬피 우는 여자의 큰 무리"(눅 23:27)가 있었다.

예수님께서 그 여인들에게 말씀하셨다.

"예루살렘의 딸들아 나를 위하여 울지 말고
너희와 너희 자녀를 위하여 울라"(눅 23:28)

지금 내 어머니는 나를 위해 수많은 눈물을 흘리신다.
그것은 예수님 어머니의 거룩한 눈물이며,
예수님 말씀대로 흘리신 순종의 눈물이다.

언제쯤 나는 어머니의 눈물을 닦아드리고,
거리낌 없는 마음으로 그분의 환한 미소를 볼 수 있을까?

아버지의 눈물

또 다른 두 줄기 눈물을 본다.

그것은 아버지 하나님의 눈물이다.

아들이 고통당하며 죽을 때,

아버지 자신도 죽을 만큼 아파서 눈물을 흘리셨다.

그러나 하나님 아버지의 눈물은

인간 어머니의 눈물과 달랐다.

아버지께서는 아들의 죽음을 막을 수 있는
충분한 능력을 갖고 계셨지만,
당신의 아들이 죽도록 그냥 내버려 두셨다.

아들의 죽음이 아버지께 영광이 될 것과
그 죽음을 통하여 자기 아들이
거룩하고 존귀한 존재가 될 것과
또한 모든 죽은 영혼들이 구원받을 것을
알고 계셨기 때문이었다.

아버지는 공의가 가득 담긴 깊은 사랑으로
조용히 눈물을 흘리셨다.
"참 잘했다. 아들아! 나는 네가 자랑스럽구나!
참 잘 참았다. 아들아! 나는 너를 기뻐한다!"

아버지는 십자가 사명을 성취한 아들에게
부활의 영광을 선물하셨다.

십자가의 죽음의 끈은 풀어졌고,

가시 면류관은 벗겨졌으며,

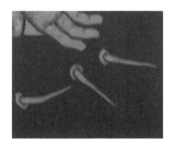

세 개의 못은 뽑혔다.

"하나님이 그를 지극히 높여
모든 이름 위에 뛰어난 이름을 주사
하늘에 있는 자들과 땅에 있는 자들과
땅 아래에 있는 자들로
모든 무릎을 예수의 이름에 꿇게 하시고
모든 입으로 예수 그리스도를 주라 시인하여
하나님 아버지께 영광을 돌리게 하셨느니라"(빌 2:9-11)

목회 일기

내가 청년 때,

하루는 교회 청년부에서 1박2일로 수련회를 떠났다.

대부분의 청년들은 오전에 일찍 출발했지만,

직장생활을 했던 청년들은 퇴근 후에 모여서

밤 10시가 넘어서야 수련회 장소에 도착할 수 있었다.

새벽 2시, 첫날 프로그램을 마치고 잠자리를 준비할 때,

평소 내가 존경했던 형이 조용히 일어나 밖으로 나갔다.

"형, 어디 가?"

"응, 회사에 출근하려고!"

"이렇게 일찍 출근해야 하는데, 왜 늦은 밤에 수련회를 왔어?"

"나밖에 운전할 사람이 없잖아!"

그때 나는 그 형의 손을 붙잡고 그냥 울었다.

난 그 형이 직장에서 얼마나 힘든 일을 하고 있는지 잘 안다.

사무직이 아니라, 거의 몸으로 하는 힘든 일을 했다.

게다가 일찍 출근해서 늦게 퇴근했다.

그는 자기도 힘들면서, 다른 청년들을 위해

조용히 희생했던 것이다.

난 참 행복한 사람이다.

이렇게 좋은 사람이 내 옆에 있다니!
그런데 개척 교회에는 이런 보물이 참 많다.

개척 초기, 한 중학생이 참 열심히 교회를 나왔다.
수요예배, 금요기도회까지 열심히 나오는 것이 기특해서 물었다.
"넌 어떻게 이렇게 교회에 열심히 나오니?"

그때 그 학생의 대답은 내 심장을 울렸다.
"내가 빠지면, 아무도 없잖아요."

으뜸이 되는 아들의 죽음

예수님께서는 자기 목숨으로 우리를 섬기셨다.
기꺼이 자기 목숨을 '대속물'로 주셨다.

"인자가 온 것은
섬김을 받으려 함이 아니라 도리어 섬기려 하고
자기 목숨을 많은 사람의 대속물로 주려 함이니라"(막 10:45)

그분은 우리의 섬김을 받기에 마땅하신 분이다.
그러나 오히려
자기 목숨을 주시는 섬김으로, 우리를 구원하셨다.

이것이 진짜 섬김이다.

내가 죽어서 네가 생명을 얻는 것!

그래서 주님의 살과 피는
우리의 생명을 살리는 '생명의 양식'이 되었다.

"나를 먹는 그 사람도 나로 말미암아 살리라
이것은 하늘에서 내려온 떡이니
조상들이 먹고도 죽은 그것과 같지 아니하여
이 떡을 먹는 자는 영원히 살리라"(요 6:57-58)

'몸'이 건강한 사람은 밥을 맛있게 먹는다.
그러나 단순히 그 밥을 먹는 것으로 그치면,
어느새 배가 나오고, 마음껏 뛰놀 수 없는 약한 몸이 된다.

운동으로 몸을 섬기는 것을 통해,
먹은 밥은 내 것이 된다.

'혼'이 건강한 사람은 사랑의 양식을 맛있게 먹는다.
그러나 단순히 그 사랑을 받아먹는 것으로 그치면,
어느새 자아가 강해지고,
함께 어울릴 수 없는 교만한 마음이 된다.

자기 사랑을 나누는 섬김을 통해,

사랑의 양식은 내 것이 된다.

'영'이 건강한 사람은 생명의 양식을 맛있게 먹는다.
그러나 단순히 그 생명을 먹는 것으로 그치면,
어느새 자신이 하나님인 줄 착각하고,
남을 판단하고 정죄하게 된다.

모든 사람들의 종이 되는 섬김을 통해,
거룩하신 그분과 하나가 된다.

목회 일기

아이들은 달리기를 좋아한다.

어른과 아이가 달리기 시합을 하면 누가 이길까?

어린이가 이긴다.

물론 실력으로는 어른이 질 수 없다.

그러나 어른은 달리기에서 지는 것으로 아이를 섬긴다.

아이의 뛰어난 실력을 칭찬하며,

더 건강한 아이로 자라나도록 섬긴다.

만약 아이를 이겼다고 자랑하는 어른이 있다면,

얼마나 꼴불견일까!

한 중학생이 초등학생들과 축구를 하는데

이기려고 아등바등 거리며,

조금도 양보하지 않다가 싸우는 것을 본 적이 있다.

나는 중학생 형을 타일렀다.

"동생들과 할 때는 양보하면서 져주는 것이 좋지 않겠니?"

그러나 그 중학생은 내 말을 듣지 않았다.

조금만 불리해도 화를 내면서 자기가 유리한 쪽으로

시합을 이끌었다.

결국 그 시합에서 중학생 형이 초등학생 동생들을 이겼다.
그 형은 동생들 앞에서 자기 실력을 과시하다가
쓸쓸히 사라졌다.

경기를 가만히 지켜보다가
그 형이 동생들을 이기려고 했던 이유를 알았다.
동생들이 자기보다 축구를 더 잘했기 때문이었다.
자기 실력을 잘 알고 있던 중학생 형은
자기 자존심을 위해
억지로 초등학생 동생들을 이겼던 것이었다.

우리가 정말 큰 사람이라는 것을 증명할 수 있는 방법은
바로 희생과 섬김에 있다.
수준이 높은 사람만이
수준이 낮은 사람을 위해 기꺼이 희생할 수 있기 때문이다.

"너희 중에 누구든지 으뜸이 되고자 하는 자는
모든 사람의 종이 되어야 하리라"(막 10:44)

2. 행복한 '변화'

로 땅에 있는 지체를 죽이라 곧 음란과 부정
과 사욕과 악한 정욕과 탐심이니 탐심은 우상
숭배니라 이것들을 인하여 하나님의 진노가
임하느니라 너희도 전에 그 가운데 살 때에는
그 가운데서 행하였으나 이제는 너희가 이 모
든 것을 벗어버리라 곧 분과 악의와 훼방과 너
희 입의 부끄러운 말이라 너희가 서로 거짓말
을 말라 옛 사람과 그 행위를 벗어버리고 새
사람을 입었으니 이는 자기를 창조하신 자의
형상을 좇아 지식에까지 새롭게 하심을 받는
자니라

골 3 : 5~10

대한민국 기독교미술대전 대상 작품
새 사람을 입었으니 oil on canvas 116.7 × 91.0

버려진 신발

홀로 외롭게 버려진 '신발'
그것은 어두운 세상에서 더럽혀졌고, 상처받았고, 버려졌다.

신발, 그 속은
가장 냄새 나는 내 몸의 일부분이다.
고통의 땀, 두려움의 땀, 분노의 땀이 배어 있다.
보기 싫은 깊은 상처와 감추고 싶은 은밀한 죄가 숨어있다.

신발, 그 뒤는
그것을 신고 걸어왔던 내 인생길이다.
되돌아보니, 어둠이 가득하다.
나는 나도 모르게 어둠을 만들고 있었다.

"이제 나는 어디로 가야 하는가?"
"내가 할 수 있는 일은 무엇인가?"

신발, 그 위로 빛이 임하자,
빛에 이끌려 꽁꽁 묶여 있던 신발 끈이 모두 풀어졌다.
묶는 것은 율법이고, 푸는 것은 복음이다.

목회 일기

교회를 개척한 후,
찾아오는 사람도 없는 교회를 지켰다.
홀로…

사람들이 많이 왕래하는 상가 밀집 지역에 교회를 개척했지만,
그곳은 나에게 황량한 광야였다.
매섭게 추운 벌판이었다.
1년, 2년, 3년…, 답답함과 외로움…,
"여기서 살아남을 수 있을까?"

작은 목양실에 홀로 앉아 예배를 준비하고,
밖으로 나가 전도를 하고,
강대상에 올라가 말씀을 읽고, 기도를 하고,
새벽까지 기도하다가 잠이 들기도 했다.

험한 세상에서 상처받지 않기 위해 신발을 신었다.
세상을 마음껏 뛸 수 있도록 돕는 내 신발.
경험의 신발!
신학교 4년, 대학원 2년, 수련목회자 3년, 부목사 3년…
지식의 신발!
이것만이 부흥의 유일한 방법이라고 주장하는 전략들…

물질의 신발!
살아남아 버티기 위한 안전장치.

신발을 바꿔 신으며, 끈을 더 꽁꽁 묶고, 그 안에 숨었다.
"이젠 자유롭게 뛸 수 있겠지!"
그러나 움직일 수 없어, 꼼짝 없이 그 자리에 그대로 서있다.

광야에 홀로 서니,
내 자신의 모습을 분명하게 볼 수 있었다.
이전에 바쁘게 살 때는 볼 수 없었던 내 진짜 모습!
"나는 누군가의 도움 없이는 살 수 없는 연약한 죄인이다."
구세주를 갈망한다.
십자가 은혜를 갈망한다.

따사로운 빛

더러운 신발 위로 밝은 빛이 비추인다.

신발의 어둠이 짙을수록 그 빛은 더욱 밝게 빛난다.

"흑암에 앉은 백성이 큰 빛을 보았고

사망의 땅과 그늘에 낮은 자들에게 빛이 비치었도다"(마 4:16)

이 빛은 모든 것을 분별한다.
'빛'은 우리에게 걸어가야 할 '길'을 밝히 보여 주고,
동시에 그 길을 '똑바로' 걸을 수 있도록 이끌어 준다.

우리에게 중요한 것은 '방향'이다.
빛에서부터 멀리 떨어져 있어도, 빛을 향하면, 빛이 보인다.
이미 빛 속에 있는 것이다.
그러므로 절망 속에서 '희망'을 본다.

빛에서부터 가까이 있어도, 등을 돌리면, 어둠이 보인다.
이미 어둠 속에 있는 것이다.
그러므로 답답하고 외로울 수밖에 없다.

그 빛은 바로 '우리 주 예수 그리스도'이다.
그 분은 "참 빛"(요 1:9)이며, "세상의 빛"(요 8:12)이다.

내 모든 고통과 외로움의 원인은
바로 이 찬란한 빛을 보지 못했기 때문이었다.
사랑의 주님께서 빛으로 오셨지만,
그 빛을 배척했기 때문이었다.

이제 나는 빛을 보았고, "영접하는 자"(요 1:12)가 된다.
빛을 영접하니, "하나님의 자녀가 되는 권세"(요 1:12)를 받았다.

이제 더 이상 어둠이 두렵지 않다.

어둠은 여전히 존재하지만

아버지께서 늘 함께 하시기 때문이다.

"내가 사망의 음침한 골짜기로 다닐지라도

 해를 두려워하지 않을 것은

 주께서 나와 함께 하심이라"(시 23:4).

빛을 영접하니, 이 세상이 완전히 새롭게 변화되었다.

외로움과 압박의 어둠은 사라졌다.

이제는 오직 밝은 빛만 보인다.

온 세상에 하나님의 영광이 충만하다.

"거룩하다 거룩하다 거룩하다

 만군의 여호와여 그 영광이 온 땅에 충만하도다"(사 6:3).

빛을 영접하니, 나도 "세상의 빛"(마 5:14)이 되었다.

어두운 곳에서 슬피 울고 있는 형제와 자매가 보인다.

내 안에 있는 빛은

그들을 품을 수 있을 만큼 밝고, 따뜻하다.

"일어나라 빛을 발하라 이는 네 빛이 이르렀고

 여호와의 영광이 네 위에 임하였음이니라"(사 60:1).

화가 노트

전태영 작가는 '성화'를 통해
하나님께 영광을 돌리라는 '소명'을 받았다.
이는 가족의 생계를 책임져야 할 가장이
선택하기 힘든 고난의 길이었다.
순종하고 따라갔지만,
아무도 알아주지 않는 고통과 외로움이 가득했다.

성화 작가의 길을 걷기 위해
'대한민국 기독교 미술대전'에 자기 작품을 출품했다.
그러나 실력을 제대로 인정받지 못했다.
2002년에는 붓을 들 수 없을 정도 힘들어서,
울부짖으며 기도했다.
"주님! 고통스럽습니다.
이것이 내 사명이 맞습니까?
그만 여기서 포기해야 할까요?"

그때, 한 줄기 빛이 비추었다.
순간 작품에 대한 '영감'과
앞으로 나아가야 할 '길'이 보였다.
자신도 알 수 없는 열정에 사로잡혀 그림을 그리기 시작했다.
"지금 내가 그리는 것이 아니다.

내 안에 계신 주님께서 그리신다!"

미친 듯이 그림을 완성하고,
'제10회 대한민국 기독교미술대전'에 작품을 보냈다.
하나님께서는 여기서 '대상'의 영광을 주셨고,
'초대작가'가 되게 하셨다.

목회 일기

개척교회는 고독한 광야와 같다.
그러나 어느새 그곳은 '기도의 자리'로 변한다.
그곳은 하나님만 바라보고, 의지할 수밖에 없는 '거룩한 땅'이다.

하루는 강대상에 올라가 십자가를 바라보며 무릎을 꿇었다.
눈물이 쏟아졌다.
"주여 나를 떠나소서 나는 죄인이로소이다"(눅 5:8)
난 "죄인 중의 괴수"(딤전 1:15)입니다.

기도할 때, 난 더 이상 혼자가 아님을 깨닫게 되었다.
주님의 빛, 그 따뜻하고 포근한 빛이 나를 향해 비추인다.
바로 그 거룩한 빛이 나를 감싸 안는다.

나도 모르게 두 손으로 내 몸을 감싸 안고,
어린 아이처럼 그 빛에 안겨, 마음속으로 간절히 부르짖었다.
"주님! 나를 안아주세요!
나를 안아주세요!
나를 안아주세요!"

바로 그때, 누군가 내 뒤에서 나를 안아 주었다.
따뜻한 위로로 온 몸이 뜨거워졌다.

뒤를 돌아보니, 내 작은 아들이었다.
주님께서 아들의 모양으로 내게 다가오셔서
조용히 나를 안아 주셨다.

나는 내 아들을 끌어안고 한참을 웃었다.
"난 혼자가 아니다. 난 사랑받고 있다."

이제 더 이상 춥지도 않고, 외롭지도 않다.
나를 가득 채운 따뜻한 빛의 사랑이 내 안에 충만하다.

빛과 하나 된 말씀

말씀은 빛과 하나 되어 찬란하게 빛난다.

그러나 말씀은 빛 위에 우뚝 솟아,

더욱 더 선명하게 나를 사로잡는다.

"주의 말씀은 내 발의 등이요 내 길에 빛이니이다"(시 119:105)

홀로 외로이 광야에서 양을 치던 모세에게,

하나님께서 말씀하셨다.

"네가 선 곳은 거룩한 땅이니 네 발에서 신을 벗으라"(출 3:5)

광야에서 맨발로 얼마나 걸을 수 있을까?

그러나 모세는 믿음으로 그의 신발을 벗었다.

오직 말씀만 품고 애굽으로 돌아가 민족을 구원했다.

여리고와의 전투를 준비하던 여호수아에게,

하나님께서 말씀하셨다.

"네 발에서 신을 벗으라 네가 선 곳은 거룩하니라"(수 5:15)

전쟁터에서 전투화 없이 싸울 수 있을까?

그러나 여호수아는 믿음으로 그의 신발을 벗었다.

오직 말씀만 앞세워 전진하여 여리고 성을 무너뜨렸다.

진짜 믿음과 용기는 두려움 앞에서 증명된다.

믿음이 사라지면, 염려가 몰려온다.

"믿음이 적은 자들아"(마 6:30)

"염려하여 이르기를

 무엇을 먹을까 무엇을 마실까 무엇을 입을까 하지 말라"(마 6:31)

"너희는 먼저 그의 나라와 그의 의를 구하라

 그리하면 이 모든 것을 너희에게 더하시리라"(마 6:33)

화가 노트

전태영 작가는 먼저 빛을 그린 후,
그 안에 어떻게 빛 된 말씀을 그릴 수 있을지 고민했다.
간절함으로 기도할 때, 주님께서 '영감'을 주셨다.
"주사기에 빛과 같은 밝은 흰색을 넣고, 빛 위에 말씀을 적어라!"

그때 받은 '골로새서 3장 5-10절' 말씀을
한 글자씩 적기 시작했다.
세로로 기록된 '개역한글판'을 열어, 그대로 옮겼다.
신비하게도 여기서는 이 말씀이 3글자로 시작하여,
3글자로 끝난다.
삼위일체 하나님의 은혜를 느낄 수 있었다.
또한 모두 합하여 12줄이다.
모든 것이 합력하여 선을 이루는 완전한 말씀이다.
저절로 찬양이 터졌다.

말씀의 빛은 밝은 빛 속에서도 더욱 찬란하게 빛을 발한다.

너무 안타까운 것은
사진으로는 도저히 이 말씀의 입체감을 표현할 수 없다는 것이다.
할 수만 있다면,
이 글을 읽는 모든 독자들이 이 작품을 직접 봤으면 좋겠다.

신발을 벗고 걷다

"새 사람을 입었으니

이는 자기를 창조하신 이의 형상을 쫓아

지식에까지 새롭게 하심을 입은 자니라"(골 3:10)

이제 앞으로 걸어가야 할 땅을 본다.

그 땅은 여전히 메마른 광야지만,

말씀에 이끌려 맨발로 그 길을 걷는다.

길을 걸으며,

발바닥으로 땅을 느끼고, 감싸고, 품는다.

그사이 연약한 발은 돌에 상하고, 가시에 찔려 피가 난다.

"언제까지 이 길을, 이렇게 걸어갈 수 있을까?"

나를 작게 보고,

주어진 환경에 안주하며, 넓은 길을 찾아 걷기는 쉽다.

그러나 그 길은 멸망의 길이다.

주님 안에서 나를 크게 보고,

십자가를 지고 걸어가는 오직 한 길,

그 좁은 길로 걷기는 어렵다.

그러나 그 길은 생명의 길이다.

목회 일기

둘째 아들 창성이가 7살 때, 함께 수영장에 갔다.

넓은 수영장에는 1.5m 깊이의 물이 가득했다.

물의 깊이는 작은 아들의 머리를 덮었다.

그런데도 내 작은 아들은 너무 자유롭게 수영을 했다.

수영 실력이 뛰어난 편은 아니었지만,

그 넓은 수영장을 막 헤집고 다니면서 멋지게 헤엄쳤다.

어떻게 이렇게 할 수 있었을까?

내가 아들에게 말했다.

"창성아, 네가 수영을 하다가 힘들면, 주먹을 쥐고 올려!

그러면 아빠가 그 손을 잡아줄게!"

처음에는 조금 불안해했지만, 내 말을 믿고 안심했다.

물에 들어가 앞으로 힘차게 수영을 하다가,

곧 주먹을 쥐고 올렸다.

난 옆에서 따라가다가 곧바로 손을 잡아 세워서 안아 주었다.

이제 자신감이 생겼는지, 더 멀리 수영을 했다.

깊이 내려가 잠수를 하기도 했다.

그러다가 힘들면, 곧 주먹을 쥐고 올렸다.

그러면 어김없이 난 그 손을 잡아주었다.

창성이는 웃으며 아빠를 한 번 쳐다보고, 마음껏 수영했다.

아빠가 함께 있으면,

절대로 빠지지 않는다는 믿음 때문이었다.

세상이 만만치 않다.

세상 물결이 휘몰아쳐오면, 그 물에 빠져 죽을 것만 같다.

그러나 말씀이 육신이 되신 예수님을 바라본다.

그분은 날 위해 십자가에서 죽으셨고, 부활하셨다.

주님께서 함께 하시니,

이 험한 세상에서도 마음껏 즐기며 헤엄칠 수 있다.

3. 우리를 덮은 '칭의'

그리스도
예수
안에
있는
속량으로 말미암아 하나님의 은혜로 값 없이
의롭다
하심을
얻은 자
되었느니라
롬 3:24

모든 사람이 죄를 범하였으매 하나님의 영광에 이르지 못하더니 롬 3:23

생명시내 넘쳐흘러서 마른광야 적시니
oil on canvas 194.0 × 130.3

죽은 존재들

그림에 있는 크고 작은 수많은 돌들은
바로 '나'와 '너'의 모습이다.

아무 데나 버려진 딱딱한 돌과 같은 존재!
함께 있으나, 서로 소통할 수 없는 굳은 관계!
"하나님의 진노"(롬 1:18) 아래서 허망하고 미련한 삶!

"모든 사람이 죄를 범하였으매
하나님의 영광에 이르지 못하더니"(롬 3:23)

'생명'이 없다.
"모든 사람이 죄를 지었으므로 사망이
모든 사람에게 이르렀느니라"(롬 5:12)

부드럽게 감싸주지 못하고, 딱딱하게 굳은 마음으로 상처 준다.
도전과 변화보다는 그 자리에 가만히 앉아 있는 것에 만족한다.
내 자리를 지키기 위해,
내 밑에서 누군가 짓눌리는 것은 상관없다.
강한 척 하지만 깨지기 쉽다.

'믿음'이 없다.
무엇을 선택해야 할지, 원칙을 잃어버렸다.
많은 사람들이 선택한 것을 따라,
크고 넓고 안전한 것을 선택한다.
그것이 진리이든 아니든 상관없다.
모두 다 그렇게 선택하니까…
나름대로 진리를 말하지만, 스스로도 믿지 않는다.
순진한 아이들에게 '정직하게 살 것'을 가르치지만,
그들이 정직할 것이라고 기대하지 않는다.
교과서에는 바른 가르침뿐이지만, 현실 따로, 이상 따로…

'소망'이 없다.
어디로 가야할지, 목적을 잃어버렸다.
지금 당장 내 욕심을 채워주는 것을 따라 간다.
사명과 비전은 점점 사라지고, 욕심은 점점 더 커진다.
눈에 보이는 욕심을 쫓아, 마귀에게 끌려 다니는
가련한 존재가 되었다.

방향을 잃어버렸기 때문에 항상 불안하다.
안전한 직업이 가장 인기 있는 이유다.

'사랑'이 없다.
누구를 섬겨야 할지, 그 대상을 잃어버렸다.
"사람들이 자기를 사랑하며 돈을 사랑하며"(딤후 3:2)
"쾌락을 사랑하기를 하나님 사랑하는 것보다 더하며"(딤후 3:4)
나 자신이 세상의 중심에 서서, 모든 사랑을 독차지하려 한다.

나에게 좋은 것은 사랑하고, 나에게 나쁜 것은 미워한다.
나에게 잘 해주면 좋은 사람! 못 해주면 나쁜 사람!
나에게 이익이 되면 좋은 사람! 아니면 나쁜 사람!
판단하고, 정죄하고, 편 가르고, 대적하고…
그래서 수많은 사람들과 함께 하지만, 외롭고 쓸쓸하다.

하나님께서 우리를 바라보시며,
깊은 연민으로 괴로워 울고 계신다.
하나님의 눈물이 세상을 덮었다.

"여호와께서 사람의 죄악이 세상에 가득함과
 그의 마음으로 생각하는 모든 계획이 항상 악할 뿐임을 보시고
 땅 위에 사람 지으셨음을 한탄하사 마음에 근심하시고"(창 6:5-6)

목회 일기

전도지를 들고 밖으로 나가 복음을 전하면,
참 다양한 사람들을 만난다.

어떤 초등학생은 전도지를 휙 던지면서
다른 친구들 앞에서 자신의 용기(?)를 자랑했다.
"이렇게 하는 거야!"

어떤 중학생은 나를 조롱하듯 말했다.
"정말 목사님 맞으세요? 그러면 설교 한 번 해보세요."

아파트를 청소하시던 아주머니는 전도지를 찢으며 말했다.
"우리 교회 목사님은 이렇게 전도 안 해요.
그래도 우리 교회에는 사람들이 많이 모여요."

주변 대형교회 교인은 오히려 우리 교인들을 전도했다.
"개척교회 다니느라 고생이 많으시죠?
참 대단하시네요.
너무 힘들면 우리 교회 와서 은혜 받으세요.
금요 기도회라도 와보세요. 너~무 좋아요."

많은 사람들은 내 눈을 피해 재빨리 지나쳤다.

받은 전도지를 쓰레기처럼 바닥에 버린 사람들도 많았다.

그러나 그 중에 몇 명은
호기심 어린 눈으로 그 내용이 뭔지 물었다.
가끔씩은 교회에 찾아와 복음에 대해 묻기도 했다.

복음을 묻는 자들을 만날 수 있는 것은 큰 은혜였다.
그들에게 복음을 전할수록
복음의 능력은 오히려 내 안에서 더욱 강하게 역사했다.

'믿음'이 살아난 존재

물이 돌을 덮었다.

그 물을 자세히 보니,

그것은 우리 주 예수 그리스도의 십자가였다.

돌들에게 임한 것은 정죄가 아니라 은혜였다.

"주의 백성의 죄악을 사하시고 그들의 모든 죄를

덮으셨나이다(셀라)"(시 85:2)

돌은 아무 것도 할 수 없어 그냥 그 자리에 있다.

그런데 십자가의 사랑이 그 위를 덮었다.

돌은 저절로 아름답고 밝게 빛나는 새 것이 되었다.

"그리스도 예수 안에 있는 속량으로 말미암아

하나님의 은혜로 값 없이

의롭다 하심을 얻은 자 되었느니라"(롬 3:24)

주님의 은혜가 우리를 덮었다.

이제 더 이상 우리 스스로 죄와 싸울 필요가 없다.

죄는 그리스도 안에서 저절로 씻겨 졌다.

주님 안에서, 주님의 눈으로 보니,

죄 사함을 믿고, 오직 믿음으로 살게 된다.

목회 일기

우리 교회 한 집사가 유명한 의류회사의
옷을 영업하는 일을 시작했다.
본사 옷을 각 영업점에 납품하려는데,
영업점 사장이 돈을 주었다.
영업점에서는 좋은 옷을 공급받아야 잘 판매할 수 있기 때문에
관례적으로 납품하는 직원들에게 뇌물을 주었던 것이었다.

그러나 그 집사는 단호하게 그 돈을 받지 않았다.
그러자 영업점 사장은 더 많은 돈을 요구하는 것으로 오해했다.
함께 일하던 사람은 늘 하던 일인데
왜 유난스럽게구냐고 불평했다.
그럼에도 불구하고 그 집사는 자신의 양심의 소리를 들었다.
"하나님을 믿는 사람으로서 옳지 않은 일을 할 수 없습니다."

시간이 지나면서 오해는 풀렸다.
신뢰는 쌓였고, 사람들과의 관계는 더 좋아졌다.
훗날 영업점 사장이 든든한 후원자가 되기도 했다.
"이런 사람은 믿고 일을 맡길 수 있습니다."

성도는 "그리스도로 옷 입고"(롬 13:14) 사는 빛나는 존재다.
이제 더 이상 무엇을 선택해야 할지 고민할 이유가 없다.

어떤 고난과 유혹 중에도
선택할 수밖에 없는 유일한 '진리'가 있기 때문이다.
"죄와 사망의 법"(롬 8:2)에서 우리를 해방하는
"그리스도 예수 안에 있는 생명의 성령의 법"(롬 8:2)!
이것은 '복음'(福音, 기쁜 소식)이다.

이제는 믿음대로 살면서 고난당하는 것도 기쁘다.
믿음 때문에 손해 보는 것이 영광이다.
믿음이 생명이며,
믿음만이 나를 살게 하기 때문이다.

'소망'이 되는 존재

물 위로 반짝반짝 빛이 비춘다.
그 빛이 돌을 더욱 더 눈부시도록 빛나게 한다.
돌이 "빛의 갑옷"(롬 13:12)을 입었다.

그 빛은 땅에서 빛나지만, 그 근원은 하늘에 있다.
하늘의 은혜가 돌 위에서 빛나고 있다.
하나님의 은혜가 돌을 덮어, 그 돌을 빛나는 존재가 되게 했다.

인간은 하늘에 있는 찬란한 빛을 눈으로 직접 볼 수 없다.
그러나 돌을 덮은 빛은 하늘의 빛의 형상이다.
땅에서 빛나는 빛을 보고 있지만,
사실 하늘의 빛을 보고 있는 것이다.

이처럼 세상은 성도를 통해 하나님을 보고,
하늘을 소망하게 된다.

"일어나라 빛을 발하라
이는 네 빛이 이르렀고 여호와의 영광이
네 위에 임하였음이니라
보라 어둠이 땅을 덮을 것이며 캄캄함이 만민을 가리우려니와
오직 여호와께서 네 위에 임하실 것이며
그의 영광이 네 위에 나타나리니
나라들은 네 빛으로,
왕들은 비치는 네 광명으로 나아오리라"(사 60:1-3)

그 빛을 가만히 보니, 그 빛은 '십자가'다.
십자가는 하늘에서 임한 빛나는 선물이다.
그것은 "하나님의 영광의 광채시요 그 본체의 형상"(히 1:3)이며,
"사람들의 빛"(요 1:4)이다.

이제 더 이상

욕심에 이끌려 마귀에게 종노릇하지 않는다.

참 빛을 보고, 방향을 찾았기 때문이다.

이제는 "생명의 면류관"(약 1:12)을 얻기 위하여,

자기 십자가를 지고, 하나님 나라를 향하여 달려간다.

욕심은 점점 더 사라지고, 소망은 점점 더 커진다.

"모든 무거운 것과 얽매이기 쉬운 죄를 벗어 버리고

인내로써 우리 앞에 당한 경주를 하며

믿음의 주요 또 온전하게 하시는 이인 예수를 바라보자

그는 그 앞에 있는 기쁨을 위하여 십자가를 참으사

부끄러움을 개의치 아니하시더니

하나님 보좌 우편에 앉으셨느니라"(히 12:1-2)

목회 일기

교회에서 목사보다 더 중요한 존재가 있다.
바로 '사모'다.
목사가 사역에 집중할 수 있도록,
목사와 하나 되어 모든 것을 돕는다.

목사의 아내가
사모로서 온전히 세워지지 않으면,
그의 영광이 목회를 제대로 할 수 있을까?

아내는 '안 해'(in sun)다.
'가정 안에 있는 태양'이다.
목사의 아내는
'교회 안에 있는 태양'이다.
성도는
'세상 안에 있는 태양'이다.

예수님은 신랑이고,
성도는 신부이기 때문이다.

예수님의 '아내'인 성도는
"세상의 빛"(마 5:14)이다.

'사랑'으로 흘러 내려가는 존재

물은 하늘을 비추며, 하늘을 소망하게 하지만,
낮은 곳을 향하여 흐른다.
이것은 세상을 덮는 예수님의 사랑이다.
그 사랑은 온 세상을 덮고도 남을 만큼 크다.

주님께서는 우리를 가장 높은 곳으로 올리기 위해,
가장 낮은 곳으로 임하셨다.
그 사랑은 낮은 곳으로, 더 낮은 곳으로 흐르며,
온 세상을 덮는다.

낮은 곳으로 흐르는 물은 돌을 품었다.
흐르고 흐르며 돌을 낮은 곳으로 이끈다.

돌은 물에 잠겨, 물의 이끄심을 따라 간다.
욕심은 점점 더 사라지고, 사랑은 점점 더 커진다.

낮은 곳에 마음을 두니, 높은 곳에 마음을 빼앗기지 않는다.
욕심을 비우고 조금씩 더 낮은 곳으로 이사하니,
몸이 가벼워진다.
소중한 것은 회복되고, 쓸모없는 것은 버려진다.

이처럼 "높은 데 마음을 두지 말고
도리어 낮은 데"(롬 12:16)로 향할 때,
"하나님이 그를 지극히 높여"(빌 2:9)
가장 높은 곳으로 오르게 하신다.

낮은 곳으로 향하는 그 길이,
가장 높은 곳에 이르는 길이다.

목회 일기

이사를 하면, 꼼짝도 하지 않고 자리를 지키던 것들이 움직인다.
장롱, 냉장고, 세탁기 등이 움직이기 시작한다.
그러면 숨어 있던 갖가지 물건들이 그 모습을 드러낸다.

"세상에~ㅋ
이렇게 소중한 것들이 숨어 있었다니…!!!"
그동안 잊고 살았던 아름다운 것들은
없어진 것이 아니라, 단지 숨어있었던 것이었다.

새집에 도착하여 짐을 풀면,
새집에 어울리지 않는 물건들이 눈에 띈다.
다시는 읽지 않을 것 같은 책들,
다시는 가지고 놀지 않을 것 같은 장난감들,
다시는 사용하지 않을 것 같은 수많은 물건들,

"세상에~ㅋ
이렇게 쓸모없는 물건들을 그냥 쌓아놓고 살았다니…!!!"
잘 쌓아놓고 소중히 여겼던 물건들은 오히려 무거운 짐이 되어,
집 밖으로 버리는데도 많은 시간을 낭비할 수밖에 없다.

성도는 십자가를 지고 점점 더 낮은 곳으로 이사한다.

그리고 그 집에 알맞게 변화된다.
잊고 살았던 "처음 사랑"(계 2:4)의 소중함이 발견되고,
쓸데없이 품고 있었던
헛된 욕망과 교만의 정체가 드러나고 버려진다.

낮은 곳으로 이사할수록
더욱 더 사랑으로 살게 된다.

4. 신비한 '일치'

내가
그리스도와
함께
십자가에
못
박혔나니
그런즉 이제는 내가 사는 것이 아니요
오직 내 안에 그리스도께서 사시는 것이라
이제 내가
육체 가운데
사는 것은
나를 사랑하사
나를 위하여
자기 자신을
버리신
하나님의
아들을
믿는
믿음
안에서
사는
것이라

갈 2:20

소망
oil on canvas 41.0 × 31.8

절망

십자가 그림은 아직 완성되지 않았다.
그러나 없어서는 안 될 물감이 모두 다 떨어졌다.

주님의 부르심에 순종하여 사명대로 살고 있는데…
물감을 살 돈도 없다.
하나님의 부르심!
그러나 아무도 알아주지 않고, 감당하기 어려운 사명!

크게 욕심 부린 적도 없는데….
생존의 문제에서 벗어날 수 없다.
"이제 무엇을 해야 하는가?"
"내가 무엇을 할 수나 있을까?"

물감이 떨어진 지금, 이제 붓은 소용없다.
나의 나약함과 한계를 인정하며, 붓을 꺾었다.

예수님의 눈물

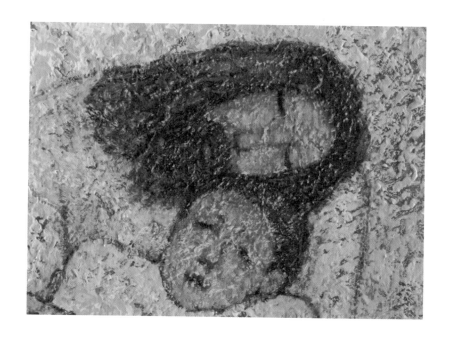

전태영작가가 마지막 붓을 꺾고, 사역을 포기하려 할 때,
주님께서 그를 꽉~ 끌어안아 주셨고, 새 힘을 주셨다.
그는 그때 받은 은혜를 그림으로 그렸다.
그것이 '소망'이라는 제목의 바로 이 그림이다.

작품을 완성한 후, 벽에 걸어놓고 감상하고 있을 때,
딸이 찾아왔다.
함께 작품을 감상하던 딸이 말했다.

"아빠! 예수님께서 울고 계셔!"

예수님의 눈물은 그가 의도적으로 그린 것이 아니었다.
그러나 자세히 보니,
예수님의 두 눈에서부터 눈물이 흘러내리고 있다.
사랑의 눈물은 예수님의 볼을 적시고,
또 소년의 머리를 적셨다.

전태영작가는 순간 눈물이 터져서,
방에 들어가 한참을 혼자 울었다.

"저는 그저 약하고, 무능력한 인간입니다.
사는 것이 힘들어서, 사역을 포기하려고 했습니다.
주님을 배반하려고 했습니다.
저는 사명을 감당할 수 없는 죄인일 뿐입니다!"

그러나 주님께서는 그를 끝까지 사랑하셨고,
그를 꼬~옥 끌어안고 사랑의 눈물을 흘리셨다.

"아니야! 내가 너를 얼마나 사랑하는 줄 아니?
네가 얼마나 소중한 존재인줄 아니?
내가 그것을 알고, 네게 이 미술선교의 사명을 맡겼단다.
네 약함과 네 죄는 다 안다.

그러나 내가 다 용서한다. 다시 일어나라!"

그는 주님의 은혜에 감격했다.
그리고 믿음으로 일어나,
지금까지 십자가 사명을 잘 감당하고 있다.

"내가 그리스도와 함께 십자가에 못 박혔나니
그런즉 이제는 내가 사는 것이 아니요
오직 내 안에 그리스도께서 사시는 것이라
이제 내가 육체 가운데 사는 것은
나를 사랑하사 나를 위하여 자기 자신을 버리신
하나님의 아들을 믿는 믿음 안에서 사는 것이라"(갈 2:20)

주님께 붙잡힌 소년

소년은 울면서 마지막 남은 붓을 꺾으려고 한다.

그의 어깨에는 잔뜩 힘이 들어가 있다.

그 순간, 예수님께서 그를 꽉 붙잡아 안으시고 속삭이신다.

"힘을 빼라!

십자가 사역은 네 힘으로 하는 것이 아니야!
네가 할 일은, 먼저 너 자신을 십자가에 못 박는 것이란다.
내가 너와 함께 하지 않니? 그것으로 충분해!"

물감도 살 수 없는 가난한 상황에서
우리가 할 수 있는 쉬운 방법은 붓을 꺾고,
사명을 버리는 것이다.
그러나 물감이 떨어진 것은
하나님의 기적으로 이어지는 문이다.
십자가 사역을 온전히 할 수 있도록 이끄시는
주님의 부르심이다.

"내가 그리스도와 함께 십자가에 못 박혔나니"(갈 2:20)

이 고백이 사명의 시작이다.
내 몸에 힘을 빼는 것!
내 생각과 내 자랑을 죽이는 것!
즐겨 사용했던 내 방법을 멈추는 것!

율법을 의지했던 유대인에게는 율법에 대하여 죽는 것!
"내가 율법으로 말미암아 율법에 대하여 죽었나니"(갈 2:19)

목회 일기

병장 때, 한 달간 국군 동해병원에 입원한 일이 있었다.
병원 안에는 작은 교회가 있었는데, 그 안에는 계급이 없었다.
그곳은 따뜻한 햇살이 가득한 천국이었다.

'원우'(신앙을 가진 군인)들은 틈만 생기면 교회로 모였다.
함께 찬양하고, 말씀을 나누고, 음식을 나누고, 삶을 나누었다.
교회에서 만나는 하나님이 좋았고,
그 안에서 만나는 원우들이 좋았다.
대부분의 원우들은 찬양을 좋아했고, 기타 연주도 잘했다.
나도 기타 연주를 할 줄 알았지만, 겨우 음을 맞추는 정도였다.
부끄러운 마음 때문에 사람들 앞에서는
기타 연주를 하지 않았다.

그날도 한 원우의 기타 반주에 맞추어
함께 찬양을 하고 있었다.
그런데 기타 반주를 하는 원우는 나보다도 실력이 떨어졌다.
그러나 자기 실력은 생각지도 않고,
열심히 기타를 두드리며 찬양했다.
자신보다 좋은 실력을 가진 사람들 앞에서
아무 부끄러움 없이
당당하게 기타를 연주하는 모습을 보며

신기한 생각이 들었다.

찬양을 마치고 음식을 함께 나눌 때, 나도 기타를 들었다.
병원에 있는 동안 열심히 기타를 배워서 전역을 할 때,
멋진 연주자로 변신해 있는 내 모습을 상상하며 말했다.
"나는 이제 열심히 기타를 배우기로 했어요.
내 감정을 멋지게 표현할 수 있도록…."

그러자 아까 그 기타를 쳤던 원우가 말했다.
"난 하나님께 찬양을 인도할 수 있는 실력만 달라고 기도했어요.
기타를 너무 잘 치면, 나 자신을 찬양하게 될 것 같아서요."

갑자기 얼굴이 뜨거워졌다.
물론 주께 받은 솜씨로 아름답게 찬양하는 것도
매우 중요한 일이다.
그러나 내 안에 주인은
'예수님으로 가장한 나 자신'이 아니었을까?
나는 주님을 찬양하는 것이 아니라,
내 실력을 뽐내고 싶었던 것이었다.
나보다 잘하는 사람 앞에서는 아무 것도 못하고,
나보다 못하는 사람 앞에서는 잘난 척 하면서…

사역의 출발은 나 자신을 십자가에 못 박는 일이다.

주님과 하나 된 소년

소년은 예수님 안에 포옥~ 안겨 있다.
주님과 하나 된 소년은 참~ 복이 많다.

그의 죄는 저절로 끊어지고,
더욱 더 주님을 닮아갈 것이며,
주님 안에서 많은 열매를 맺게 될 것이기 때문이다.

"내 안에 거하라 나도 너희 안에 거하리라
가지가 포도나무에 붙어있지 아니하면
스스로 열매를 맺을 수 없음같이

너희도 내 안에 있지 아니하면 그리하리라"(요 15:4)

거한다는 것은 결혼과 비슷하다.

남자와 여자가 만나 결혼하면,

한 집에 함께 살면서 밥도 같이 먹고, 잠도 같이 잔다.

모든 기쁨과 슬픔, 모든 생활을 함께 나눈다.

서로 다른 두 사람이 하나 되어, 점점 더 닮아간다.

주님께서는 말씀으로 우리 안에 거하신다.

말씀은 눈으로 보고, 머리로 상상하는 것이 아니다.

입으로 먹고, 몸으로 행하여,

말씀과 하나가 되는 것이다.

내 안에 말씀이 거할 때, 모든 것을 이룰 수 있다.

"너희가 내 안에 거하고 내 말이 너희 안에 거하면

무엇이든지 원하는 대로 구하라 그리하면 이루리라"(요 15:7)

말씀을 먹는 만큼 진리를 알게 되고,

진리를 아는 것만큼 자유를 누린다.

"너희가 내 말에 거하면 참으로 내 제자가 되고

진리를 알지니 진리가 너희를 자유롭게 하리라"(요 8:31)

목회 일기

우리 교회 한 젊은 조선족 청년이 있었다.
그는 어려서 일찍 부모님을 잃고,
중국에서 참 힘들게 살았다.
한국에 와서도 고생을 많이 했다.

그러나 예수님을 믿고, 교회를 나오면서부터
삶의 변화와 회복이 나타났다.

먼저 담배를 끊었다.
그는 원래 하루에 3갑씩 담배를 피우던 사람이었다.
그가 고백했다.
"담배를 끊으려고 애쓴 것이 아닙니다.
예수님을 믿고 담배를 끊겠다고 결단했더니,
다시 담배를 피우려고 해도
너무 맛이 없어서 피울 수가 없었습니다."
하나님께서 끊게 해주신 것이다.

교회를 나오면서 술도 마시지 않게 되었다.
그러면서 사업장에 손님도 많이 찾아오게 되었다.
찾아오는 손님들은
사업장 분위기가 너무 편안해졌다며 좋아했다.

주님 안에 거한다는 것은

그분의 말씀을 받아들이는 것이다.

예수 그리스도의 말씀을 먹는 것이다.

우리가 주님 말씀을 먹으면, 주님께서 우리 안에서 사신다.

미완성된 십자가

소년이 그리고 있는 그림을 본다.
그것은 우리 주 예수 그리스도의 십자가!
그러나 이 그림은 아직 완성되지 않았다.

예수님께서 이미 시작하셨고,

우리가 믿음으로 순종하며,

주님과 함께 십자가를 완성한다.

"그리스도의 남은 고난을

그의 몸된 교회를 위하여 내 육체에 채우노라"(골1:24)

십자가를 그리는 것은

전태영의 화가로서의 사명이다.

그는 오직 십자가만 자랑하고,

십자가만 전하기 위해 몸부림치며 그림을 그린다.

이것은 또한 우리 모두의 사명이다.

목회 일기

개미

개미는 세상이 없다.
자존심도
돈도
명예도 없다.

개미는 오직 여왕만 있다.
여왕만을 위해 일하고,
여왕만을 위해 산다.

이 세상을 다 준다 해도
개미는 여왕만을 갖는다.
그리고 결국
여왕을 위해 죽는다.

제2부

십자가로
살다

5. 십자가를 통한 '화해'

그러므로 형제들아

너희가 알 것은　이 사람을 을　죄 사함을

힘입어

너희에게 전하는 이것이며

행
1
3
:
3
8

이 사람을 힘입어
oil on canvas 90.8 × 65.0

환난을 이긴 힘

길을 걷다가 민들레를 봤다면 어떻게 했을까?
나는 보나마나 분명히, 살짝 웃으며 다가가
솜사탕처럼 동그랗게 피어난 '갓털'을 뚝 꺾어서
입으로 훅~ 불었을 것이다.
재미삼아…

생각 없이 발로 밟고 지나가는 사람도 있을 것이다.
잡초라 여기며 뽑아 버리는 사람도 있을 것이다.
대부분은 얼굴 한 번 돌리지 않고, 제 갈 길을 재촉했을 것이다.

이것이 우리가 우리 주 예수 그리스도께 행한 일이다.

그분을 짓밟고,

꺾어서 뽑아버리고,

더 이상 관심 갖지 않고…

"그는 멸시를 받아 사람들에게 버림받았으며

간고를 많이 겪었으며 질고를 아는 자라

마치 사람들이 그에게서 얼굴을 가리는 것같이

멸시를 당하였고

우리도 그를 귀히 여기지 아니하였도다"(사 53:3)

그러나 십자가에서 죽으신 예수님께서는

"그가 말씀 하시던 대로 살아나셨느니라"(마 28:6)

전태영작가는 십자가 위에 민들레를 그렸다.

민들레는 십자가에 뿌리를 내렸고,

십자가 위에 피어났다.

민들레는 십자가에 달리신 예수님 같다.

민들레는 땅 위로 겨우 30cm 정도 자라나지만,

땅 속으로 훨씬 더 깊게 뿌리를 내린다.

놀랍게도 2m가 넘게 뿌리를 내린 민들레도 있다.

민들레는 하도 깊숙이 뿌리를 내리기 때문에,

완전히 뽑아낼 수 없다.

뿌리를 뽑아버려도 끊어진 한 조각만 흙 속에 남아 있다면,

거기서 싹이 나서, 또 다시 자라난다.

민들레가 모진 한파를 버티고, 봄마다 꽃을 피울 수 있는 것도

바로 그 뿌리가 땅 속으로 아주 깊게 내려가 있기 때문이다.

민들레처럼

성도는 믿음으로 십자가에 깊이 뿌리내린다.

그리하여 예수님처럼 죽음을 이기고, 부활의 영광을 누린다.

"세상에서는 너희가 환난을 당하나

담대하라 내가 세상을 이기었노라"(요 16:33)

하나님과 화해

민들레꽃은 낮에만 핀다.
아침에 태양이 떠올라 그 햇살을 받으면,
숨었던 꽃들이 밖으로 피어난다.

해가 지면, 꽃송이를 닫아 움츠려 숨는다.
그래서 날이 흐리면 꽃이 피지 않는다.

그런데 지금 거대한 담이 민들레 앞을 막고 있다.
그 담은 찬란한 태양을 보지 못하도록 빛을 가렸다.

그 담은 우리의 죄다.

우리가 욕심으로 '죄의 담'을 쌓았고,

어둠 속에서 "죄에게 종 노릇"(롬 6:6) 하고 있다.

인간은 예쁘게 피어날 꽃으로 창조되었다.

그러나 죄의 담을 쌓으니,

빛을 볼 수 없어,

꽃을 피울 수 없고, 열매도 맺을 수 없었다.

그런데 예수님께서 우리 죄의 담을

자기 몸으로 삼으셨다.

우리 죄와 하나 되셨고,

당신의 몸을 찢어 죽으셨다.

그 순간 죄의 담은

위에서부터 아래까지 완전히 찢어졌다.

"그는 우리의 화평이신지라 둘로 하나를 만드사
원수 된 것 곧 중간에 막힌 담을
자기 육체로 허시고"(엡 2:14)

하나님의 찬란한 은혜의 빛은
주님의 찢어진 몸을 통하여,
우리에게 가득 임했다.
하나님과 화해된 우리는 다시 꽃을 피운다.

예수님의 거룩한 피가 우리를 위해 쏟아졌다.
주님의 마지막 피 한 방울이
하늘에서부터 길게 '똑~!' 떨어졌다.
주님께서 우리를 위해
마지막 핏방울까지 다 주시고,
죽으셨다.
그래서 우리는 살았다.

우리는 이제 그 보혈의 은혜로
하나님께 가까이 갈 수 있다.

"우리가 예수의 피를 힘입어
성소에 들어갈 담력을 얻었나니"(히 10:19)

목회 일기

간질병에 걸린 친구가 있었다.

수업 시간에 그 친구가 갑자기, 발작을 일으켰다.

몸이 마구 떨리며, 자기 마음대로 움직이기 시작했다.

나는 반 친구들과 함께 힘을 합하여

주변에 있는 책상과 의자들을 치웠다.

머리의 통제를 받지 않는 몸은

어디로 움직일지 모르기 때문이다.

자기 몸을 아무렇게나 움직이며 자기를 상하게 하기 때문이다.

발작을 일으킨 몸은

보는 사람들의 마음을 아프게 하고,

자신의 몸과 마음을 더욱 더 상하게 한다.

머리의 통제를 받지 않는 몸이 있다는 것은 슬픈 일이다.

그런 몸은 많이 움직일수록 손해다.

하나님께로부터 떨어진 인간은

자기가 무엇을 하는지도 모른다.

그리하여 "그 마음의 허망한 것"(엡 4:17)을 행한다.

죄를 범하면,

죄책감 때문에 마음이 상하는 것이 정상이다.

그러나 "감각 없는 자"(엡 4:19)가 되어
자신을 방탕 속에 방임하고,
모든 더러운 것을 욕심대로 행한다.

우리 주 예수 그리스도께서는
이것을 슬퍼하며 기도하셨다.
"아버지 저들을 사하여 주옵소서
자기들이 하는 것을 알지 못함이니이다"(눅 23:34)

형제와 화해

이 그림에 민들레꽃이 몇 송이나 있을까?
약 600여개의 꽃들이 모여 있다.
눈에 보이는 민들레꽃 한 송이는
사실 200여개의 작은 꽃들의 모임이다.
암술과 수술이 갖춰진 수많은 꽃들이 모여서
한 송이 꽃이 되었다.

이것은 마치
성도가 연합하여, 주님의 한 몸이 된 '교회'와 같다.
예수님은 "몸인 교회의 머리"(골 1:18)다.
성도는 그분의 몸으로서, 머리의 뜻에 따라 산다.
이렇게 모인 성도와 성도가 주님 안에서 한 형제가 되었다.

"보라 형제가 연합하여 동거함이
어찌 그리 선하고 아름다운고"(시 133:1)

수많은 꽃들이 모여 있으니, 달콤한 꿀도 많다.
그래서 수많은 곤충들이 꿀을 찾아 달려든다.
이때 민들레는 꿀을 빼앗기지 않으려고
자기 몸을 피하지 않는다.
오히려 땅으로 가까이 자기를 낮춘다.
곤충들이 쉽게 꿀을 먹을 수 있도록 바닥에 바짝 누워서 핀다.
이렇게 하여 민들레도 살고, 나비와 꿀벌들도 산다.

너도 살리고, 나도 사는 민들레의 지혜는
교회와 세상을 하나님의 나라가 되게 한다.
주님과 함께 살며, 함께 즐거워하는 작은 천국!

그러나 세상은 여전히 교회의 가치를 볼 줄 모른다.
예수님께 하듯 교회를 비방하고 박해한다.
그러나 교회는 예수님의 말씀을 믿고 그저 감사한다.

"나로 말미암아 너희를 욕하고 박해하고
거짓으로 너희를 거슬러 모든 악한 말을 할 때에는
너희에게 복이 있나니 기뻐하고 즐거워하라
하늘에서 너희의 상이 큼이라

너희 전에 있던 선지자들도 이같이 박해하였느니라"(마 5:11-12)

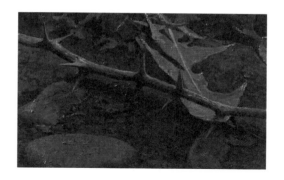

가시에 찔린 민들레 잎은
자기를 찌른 원수를 미워하거나, 대적하여 싸우지 않는다.

민들레 줄기나 잎을 꺾으면,
끈끈하고 쓴 맛이 나는 하얀 즙이 나온다.
이 유액(乳液)은 항균, 항암 등 면역 효과가 있다.
그것을 바른 사람들의 몸을 보호하고, 건강하게 한다.
이렇게 민들레는 자기를 찌른 원수를 돕는다.

예수님께서는 "원수 된 것을 십자가로 소멸하시고"(엡 2:16),
원수와도 한 형제가 되게 하셨다.

민들레는
자기 피를 흘려, 화해를 이루신 하나님의 아들을 닮았다.
그것은 주님의 몸이며, 우리 교회다.

목회 일기

내 어머니께서는 솔로몬의 잠언 말씀을 붙잡고,
나에게 솔로몬과 같은 지혜를 달라고 기도하셨다.
"명철한 사람의 말은 깊은 물과 같고
지혜의 샘은 솟쳐 흐르는 내와 같으니라"(잠 18:4)

나도 그 말씀을 묵상하며
교회 부흥을 위한 지혜를 달라고 기도했다.
그러던 어느 날 하나님께서 응답하셨다.

"사랑하는 아들아, 난 이미 너에게 지혜를 주었단다.
그 지혜는 이미 너에게 충만하다.
내 지혜는 너무 커서 너 혼자 감당할 수 없단다.
그래서 내가 많은 사람들에게 나눠주었지!
내가 보내준 사람들과 함께 삶을 나누고, 지혜를 나누어라!
그러면 솔로몬보다 더 지혜로울 수 있단다."

나 혼자 잘할 수 있다는 생각 자체가 교만이며,
사탄의 유혹이다.

하나님께서는
그리스도 안에서 '나'와 '너'가 함께 모여

'교회'가 되게 하셨다.
내가 아닌, 우리에게
무한한 힘과 지혜를 나눠주셨다.
솔로몬은 혼자이지만, 우리는 혼자가 아니다.

그러므로 우리가 믿음으로
예수님과 함께 하나 되어 일어서면,
능치 못할 일이 없다!

세상과 화해

곤충들에게 꿀을 나눠준 후, 꽃가루받이가 끝나면,
민들레꽃이 시들고, 그 아래에서 씨가 점점 익어간다.
씨가 갈색으로 익을수록 갓털 자루가 길어진다.

하얀 갓털이 솜사탕처럼 동그랗게 한껏 부풀려지면서
누워있던 모인꽃싸개잎은 벌떡 일어선다.
이젠 씨를 날려 보낼 만큼 성장했다는 뜻이다.
그래서 "민들레는 두 번 꽃이 핀다"는 말이 있다.

첫 번째 꽃은 그리스도 안에서 함께 모여 앉아,
겸손하게 땅에 엎드려,

복음의 꿀을 나눔으로 세상을 섬긴다.

두 번째 꽂은 그리스도 안에서 함께 모여 일어나,
성령의 바람을 타고 온 세상으로 뻗어 나아가,
그리스도의 생명을 심는다.

바람을 타고 하늘을 나는 민들레 홀씨의 숫자를 세어보니,
모두 12개다.
작은 바람에 몸을 맡긴 홀씨는 12개뿐이었다.
그들은 겸손하게 바람의 부르심에 순종했다.

대부분의 다른 홀씨들은 아직 떠날 준비가 되어있지 않다.
그러나 이제 곧 그들도 세상을 향해 날아갈 것이다.
하나님께서 갓털을 달아주셨기 때문이다.

만약 씨앗에 갓털이 없었다면,
자신의 서식지를 넓히지 못했을 것이다.

꽃이 피어있는 바로 그 자리에 떨어질 수밖에 없고,
늘 그 자리에만 머물러 살았을 것이다.

그러나 하나님께서 민들레 홀씨에 갓털을 달아주셨다.
그러므로 이제 곧 바람이 불면,
세상을 향해 힘차게 뻗어나갈 것이다.
자신의 사명대로! 열매를 매달고 멀리멀리 날아갈 것이다.
새로운 땅을 찾아, 싹을 틔우고, 민들레꽃을 피울 것이다.

지금 그들에게 필요한 것은 바람이다.
이제 성령의 바람이 불면,
복음의 씨앗을 품고 함께 일어난 거룩한 성도는
성령의 바람을 타고,
온 세상에 나아가,
화해의 복음을 전하게 될 것이다.

"오직 성령이 너희에게 임하시면 너희가 권능을 받고
예루살렘과 온 유대와 사마리아와 땅 끝까지 이르러
내 증인이 되리라"(행 1:8)

6. 웃음 가득한 '사랑'

우리가 하나님을 사랑한 것이 아니요

사랑은 여기 있으니

하나님이 우리를 사랑하사 우리 죄를 속하기 위하여
화목 제물로 그 아들을 보내셨음이라

우리도 서로 사랑하는 것이 마땅하도다

사랑하는 자들아 하나님이 이같이 우리를 사랑하셨은즉

요일 4:10~11

천국열쇠
oil on canvas 53.0 × 45.5

나

어여쁜 두 소녀가 있다.

소녀와 소녀는 함께 모여 앉아, 같은 곳을 바라보고 있다.

작은 민들레를 바라보는 두 눈에는 미소가 가득하다.

그 아이들의 눈이 나를 향한다고 해도,

그 얼굴에 미소가 가득할 수 있을까?

나는 민들레처럼 구석에 있는 듯했지만,

나를 보는 눈들이 나를 세상의 중심에 놓는다.

어느새 나를 지켜보고 있는 호기심 가득한 아이들의 눈!

딴 짓을 하고 있는 것 같아도,

내 모습을 흉내 내며, 내가 '모델'이라고 말한다.

나와 함께 믿음을 나누는 성도들의 눈!
믿음, 소망, 사랑이 가득한 거룩한 목사를 기대하며,
내가 예수님을 닮은 '성자'라고 말한다.

사방에서 나를 바라보는 수많은 눈!
내 행동을 바라보며, 하나님을 평가한다.
난 그들 앞에서 기독교를 '대표'한다.

내가 나를 본다.
난 모델도, 성자도, 대표도 아니다.
모퉁이에 피어난 작은 민들레처럼
그저 나약한 인간일 뿐이다.

"자꾸만 내 삶을 소홀히 여기고, 낭비하며,
눈을 피해 구석 어두운 곳으로 숨게 되는 이유는 뭘까?"

땅을 두루 돌아다니며 나를 노리는 사단의 눈!
그 눈이 세상의 중심에 서있는 나를 먹어 삼켜,
존귀한 나의 가치와 자존심을 악으로 소화시키고,
결국 세상 밖의 어두운 곳으로 나아가 배설하기 때문이다.

"근신하라 깨어라 너희 대적 마귀가
우는 사자같이 두루 다니며 삼킬 자를 찾나니"(벧전 5:8)

마귀에게 삼키우면, 마귀의 음성을 듣는다.
"네 몸은 네 것이다. 네 눈에 좋을 대로 하라!"
마귀의 눈으로 보면,
하나님도, 사람도 보지 못한다.
오직 나만 보고, 나만 위해 산다.

그런데 이상하다.
내 행복을 보고 끌려갔는데, 점점 더 나를 잃어버린다.
이기적인 행복 뒤에 감춰진 '죽음'을 보지 못했기 때문이다.
거울에 비친 내 모습은 영혼을 잃은 '좀비'같다.

"오호라 나는 곤고한 사람이로다
 이 사망의 몸에서 누가 나를 건져내랴" (롬 7:24)

하나님의 사랑

전태영 작가는 아이들의 등 뒤에 하나님의 얼굴을 그렸다.
꼼꼼하게 살펴보니, 하나님께서 웃고 계신다.

아주 가까이에서
나를 지켜보시는 하나님의 눈!
잔잔한 미소로 나를 보시며, '사랑한다'고 말씀하신다.

"너의 하나님 여호와가 너의 가운데에 계시니

그는 구원을 베푸실 전능자이시라

그가 너로 말미암아 기쁨을 이기지 못하시며 너를 잠잠히 사랑하시며

너로 말미암아 즐거이 부르며 기뻐하시리라"(습 3:17)

우리는 하나님을 사랑하지 않았다.

그러나 하나님께서는 나를 잠잠히 보시며,

기쁨을 이기지 못하신다.

하나님의 미소는 이미 두 아이들에게 전염되었다.

이렇게 하나님의 사랑이 확산되었다.

사랑이 사랑을 낳았다.

목회 일기

한 청년이 사랑에 빠졌다.

그는 날마다 자기 여자 친구를 자랑했다.

얼마나 예쁘고, 착한지! 흠잡을 곳이 전혀 없다며 기뻐했다.

하루는 나에게 직접 보여주고 싶다고 하여,

기대하는 마음으로 함께 만났다.

그러나 그녀를 만나는 순간, 모든 기대감이 일순간에 무너졌다.

"차라리 만나지 말걸…"

그러나 그 청년은 자신의 최고의 사랑을 담아

쉬지 않고 자기 애인을 자랑했다.

시간이 지날수록 참으로 신비한 일이 벌어졌다.

못난 여인이 진짜 아름다운 여인으로 보이기 시작했다.

그녀의 모든 흠은 조금씩 사라졌다.

게다가 만날 때마다 조금씩 더 예뻐졌다.

청년의 사랑은 자기 여자 친구와

그녀를 보는 내 눈을 변화시켰다.

십자가 사랑

전태영작가는 그림 구석에 십자가를 민들레를 그렸다.
작고 초라한 민들레는 십자가 모양을 하고 있다.
그렇다. 그것은 사람들이 외면한 십자가다.

예수님께서는 십자가를 잘 아셨다.
거기서 모진 고통을 당할 것이며,

부끄러운 죽음을 당할 것이 분명했다.

그래도 그것 때문에
우리가 자유를 누릴 수 있다는 것을 아셨다.
그분은 기꺼이 십자가에 달려 죽으시며 속삭이셨다.
"너를 사랑해! 내 목숨보다 더 너를 사랑해!"

"사랑은 여기 있으니 우리가 하나님을 사랑한 것이 아니요
하나님이 우리를 사랑하사 우리 죄를 속하기 위하여
화목 제물로 그 아들을 보내셨음이라"(요일 4:10)

다시 한 번, 십자가를 보다.
아주 작지만, 우리 모두를 구원한 십자가!
세상을 웃게 한 십자가!

목회 일기

하루는 무의도를 가는 길에
갈매기를 보았다.
큰아들 희성이가
갈매기를 무척 만지고 싶어 했다.
그리하여 우린 갈매기를 향해 걸어갔다.
그런데 갈매기는
도망칠 생각을 하지 않았다.

가까이 가서야 알았다.
갈매기는 낚싯줄에 걸려있었던 것이었다.
어떤 사람이 버리고 간 낚싯줄에…
마치 마귀의 올무에 걸려
꼼짝 못하고 끌려 다니는 우리의 모습 같다.

갈매기를 구해주어야겠다는 마음으로 무작정 갈매기를 잡았다.
입을 열어 낚시 바늘을 빼려고 했지만,
한참을 고생해도 뺄 수가 없었다.
어찌나 가슴이 저려오던지…
인간의 잔인한 부주의에 화가 났다.
다른 낚시꾼에게 칼을 빌려
아주 조심스럽게 혀를 조금 잘라내고,

간신히 낚시 바늘을 뺄 수 있었다.

손도 없는 갈매기는 낚시 바늘과 싸우면서 얼마나 울었을까?

낚싯줄을 빼고, 풀어주자, 갈매기는 내 주위를 돌면서,

잠시 나를 응시하는가 싶더니, 곧 날아가 버렸다.

그제야 내 옷을 보았다.

갯벌에서 낚싯줄과 치열한 싸움을 했던

갈매기를 안았던 탓인지

옷은 진흙으로 더럽혀져 있었다.

이것이 사랑이다.

아파하는 사람(갈매기)을 위해 같은 눈물을 흘릴 수 있는 것!

그 고통을 없애주기 위해 애쓰다가

내 몸이 더럽혀지는 것은 미처 생각하지 못하는 것!

말없이 도망가도

이제는 아파하지 않을 것이라는 생각에 기뻐할 수 있는 것!

십자가에서 하나 된 사랑

아이들이 웃음 짓고 있다.
어른들이 무심코 지나간 그 자리에 앉아,
같은 곳을 바라보며, 함께 기뻐하는 아이들…

아이들은 작은 민들레를 보고 웃고 있다.
동심(童心)에 절로 발걸음을 멈춰,
동심(同心)으로 웃는다.

예수님께서는 이렇게 십자가를 기뻐하셨다.

십자가를 보며 하나님도 웃고, 예수님도 웃고,
아이도 웃고, 나도 웃는다.

사랑은 사랑을 깨우고, 서로 하나가 되게 한다.

"사랑하는 자들아 하나님이 이같이 우리를 사랑하셨은즉
우리도 서로 사랑하는 것이 마땅하도다"(요일 4:11)

목회 일기

교회를 개척한 후, 1년 동안 예배 반주자가 없었다.
무반주에서 벗어나,
피아노의 선율을 누리게 해줄 '구세주'가 필요했다.
그러나 십자가를 지고 그 자리에 앉는 사람이 없었다.
그때 찾아 온 반주자는 구세주 예수님이었다.

주일 점심식사 때도 힘들었다.
사모님이 식사를 도맡아 하면서,
힘들어 지쳐 쓰러질 지경이었다.
사모님을 고통에서 벗어나게 하고,
모든 성도들에게 영양가 있는 음식을 제공할
'구세주'가 필요했다.

그러던 어느 날, 음식을 준비하고, 식탁을 차리고,
설거지를 해주실 주님께서 친히 찾아오셨다.

교회를 깨끗하게 청소해주실 구세주!
고장 난 곳을 고쳐주실 구세주!
각 선교회를 통치하실 구세주!
세상 많은 영혼들을 구원해주실 구세주!

믿음으로 간절히 갈망하며 기다릴 때,
구세주께서 아주 멀리서도 한걸음에 달려와 주셨다.♥

지금 우리 교회에는 '구세주'로 가득하다.
함께 모인 성도들 하나하나가 '예수님'이다.
그들은 십자가를 보며 기뻐한다.
묵묵히 자기 십자가에 달려, 우리를 구원한다.

천국 열쇠

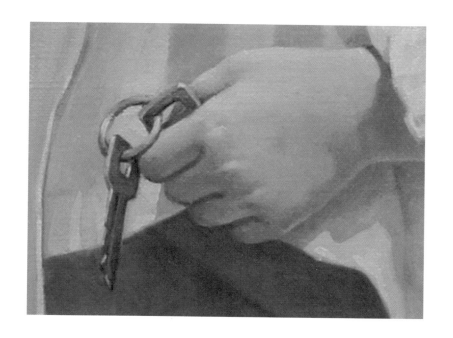

전태영작가는 아이 손에 '열쇠'를 그렸다.

이것은 '천국 열쇠'다.

"내가 천국 열쇠를 네게 주리니

네가 땅에서 무엇이든지 매면 하늘에서도 매일 것이요

네가 땅에서 무엇이든지 풀면 하늘에서도 풀리리라"(마 16:19)

우리는 천국열쇠로 '어둠의 문'을 열고,

어둠의 권세에서 벗어나 자유를 누린다.
동시에 이것으로 '빛의 문'을 열고,
천국에 들어가 하나님의 은혜를 만끽한다.

천국 열쇠는 **나**를 위한 '놀라운 능력'이다.
나를 억눌렀던 악한 것은 묶고,
내 안에 감추어졌던 선한 것은 푼다.

천국 열쇠는 **우리**를 위한 '신비한 사랑'이다.
우리를 사랑으로 묶어 하나가 되게 하고,
우리 사이의 상처는 풀어 없앤다.

천국 열쇠는 **세상**을 위한 '거룩한 희생'이다.
나를 묶어 그들을 푼다.
전도의 미련한 것으로 죄와 사망의 권세를 푼다.

그것은 베드로가 받은 '천국 열쇠'다.
구원의 문을 여는 '믿음의 고백'이다.
"주는 그리스도시요
살아 계신 하나님의 아들이시니이다"(마 16:16)

천국 열쇠를 소유한 아이는
천국 열쇠 하나만으로

세상에서 가장 복된 존재가 되었다.

사랑을 받고,
사랑에 잠겨,
사랑을 준다.

지금,
바로,
여기서,

"내가 여기 있나이다
나를 보내소서"(사 6:8)라고 크게 외치며!

7. 반석이 되는 '희생'

그가 찔림은

그가 상함은

우리의 허물 때문이요 우리의 죄악 때문이라

그가 징계를 받음으로 그가 채찍에 맞음으로

우리가 평화를 누리고

우리가 나음을 받았도다

사
53
5

모인물과 십자가
oil on canvas 162.0 × 130.3

땅 끝에 서다!

여기에 땅 끝이 있다.
교회 개척은 땅 끝에 서는 것이었다.
지금까지 의존했던 삶의 기반은 사라졌고,
막막한 바다만 보인다.

땅 끝에 서니, 내 삶이 송두리째 흔들린다.
날마다 싸워야만 하는 수많은 파도!
때때로 큰 풍랑이 나를 삼켜,
내가 의지했던 마지막 남은 것까지 빼앗아 간다.

매 월마다 찾아오는 '월세의 파도'는
나를 쳐서, 통장에 남아있던 마지막 잔액을 털고 도망간다.

그 놈은 왜 그리도 빨리 찾아오는지…

또 어느새 '탐욕의 파도'가 몰려와 나를 덮친다.
"음란과 부정과 사욕과 악한 정욕과 탐심"(골 3:5)의 파도에
사로잡히면,
나를 감싼 가식의 옷은 벗겨지고, 초라한 내 실체를 보게 된다.
"탐심은 우상숭배니라"(골 3:5)

이 같은 풍랑에 힘없이 무너진다면,
태풍이 몰아칠 때는 어떻게 될까?
그 끝을 알 수 없는 이 막막한 바다에서 살아남을 수 있을까?

예수님의 제자들도 갑작스러운 풍랑을 만났을 때, 부르짖었다.
"주여 주여 우리가 죽겠나이다"(눅 8:24).

그때 제자들은 주님의 음성을 들었다.
그것은 위로가 아니라, 바람과 물결을 꾸짖으셨던
주님의 책망이었다.
"너희 믿음이 어디 있느냐"(눅 8:25)

"오직 믿음으로 구하고 조금도 의심하지 말라
  의심하는 자는 마치 바람에 밀려 요동하는 바다 물결 같으니"(약 1:6)

모든 것이 다 갖춰진 큰 교회에 있을 때는 몰랐다.
많은 성도들과 함께 모여 있을 때는 몰랐다.
그때는 내 믿음도 그렇게 크고 거룩한 줄 알았다.
믿음이 약한 사람에게 쉽게 돌을 던질 수 있는
교만함도 있었다.

교회 개척은 땅 끝에 서서,
온 몸으로! 몰아치는 파도와 싸우는 것이었다.
나는 풍랑을 만날 때마다, 본능적으로 맞서 싸웠다.
모진 풍파를 완전히 제거하려고 애썼다.
홀로 서서 파도와 싸우는 동안, 내 모든 거짓의 옷이 벗겨졌다.

땅 끝에 서니,
내 믿음의 실체가 드러났다.
약한 믿음 때문에,
풍랑에서 벗어나야 한다는 생각에 사로잡혔다.
그것이 오히려 나를 더 힘들게 한다는 것을 몰랐다.

앞으로도 끊임없이 크고 작은 쇄파가 몰아칠 것이다.
그러나 이제 더 이상
풍랑에서 벗어나게 해달라고 기도하지 않는다.
그 안에서 당당하게 버티고 계신 주님과 함께 하며,
태풍도 이길 수 있는 '믿음'을 달라고 간구한다.

목회 일기

월세의 파도 때문에 힘들 때, 이렇게 기도한 적이 있다.

"하나님! 10억만 주시면 안 될까요?

제가 욕심 없는 것 아시죠?

10억만 주시면, 이 교회를 사서 감리교 재단에 편입하고,

하나님의 영광을 위해 마음껏 선교도 하고, 구제도 할게요!"

그러자 곧바로 하나님의 응답이 있었다.

"영직아, 왜 힘들어하니? 왜 의심하니?

지금까지 네 힘으로 살았니?

모든 것이 갖춰진 조건 속에서 네 힘으로 사는 것보다,

부족함 가운데 쓸 것을 채워주는 내 능력으로 살아라!

선교도 내가 하고, 구제도 내가 할게!

너는 그냥 믿음으로, 네 십자가를 져라!

내가 함께 하며 지켜줄게!"

그렇다! 내 삶을 돌아보니,

하나님께서 "나를 눈동자같이 지키시고"(시 17:8),

보호해 주셨다.

기가 막히게 내 사정을 아셨고,

꼭 필요한 만큼 채워주셨다.

개척이 힘들다고 하지만,

사실 가장 안전하고 편한 길이다.

인간의 꾀를 버리고, 하나님의 뜻에 순종하게 되며,

날마다 채워주시는 은혜를 체험할 수 있기 때문이다.

게다가 꼭 필요할 때는 쏟아부어주시는 은혜가 있다.

기가 막히게 보호 받다!

전태영작가는 바위 위에 십자가를 그렸다.

그렇다. 그곳에 나 홀로 서 있는 것이 아니었다.

십자가에 달리신 예수님께서 나와 함께 하셨다.

그분은 파도에 잠겨, 온 몸으로 나를 지키고 계셨다.

끊임없이 쇄파가 몰아쳤지만,

"주께서 땅의 경계를 정하시며"(시 74:17),

우리가 결코 휩쓸려 죽지 않도록 보호하셨다.

내가 넘어져도 다시 일어설 수 있는 것은

죽도록 나를 사랑하시는 하나님이 계시기 때문이다.
내가 죄에 빠져 방황할 때에도,
당신의 독생자를 아낌없이 주시는 사랑으로
끝까지 참고 기다리신다.

내가 넘어져도 다시 일어설 수 있는 것은
늘 함께 하는 믿음의 동지들이 있기 때문이다.
주님 안에서 함께 기도하며, 하나님의 꿈을 꾸고,
뜨거운 열정으로 서로 섬기며, 세워준다.

내가 넘어져도 다시 일어설 수 있는 것은
끝까지 나를 믿어주는 내 가족이 있기 때문이다.
내가 아무리 실망스러운 행동을 할지라도
나를 위해 기꺼이 속아준다.

목회 일기

때때로 목회자의 사명이 벅찰 때가 있다.
"예수님처럼 목숨을 걸고 십자가를 질 수 있을까?"
너무 힘들 때는 홀로 '기도 여행'을 떠난다.

하루는 무작정 열차를 타고, 이끄심대로 거제도에 갔다.
그곳에서 외도해상공원 상륙관광 유람선에 몸을 실었다.
배를 타고 가며, 수많은 작은 섬들을 보았다.
'저 섬들은 어떻게 오랜 세월을 풍랑과 싸우며 버텼을까?'
그때 섬을 둘러싸고, 바다와 싸우는 바위를 보았다.

섬을 지키는 바위…
섬의 존재는 바위가 아픔을 이겨낸 결과였다.
섬의 안락은 바위의 고통 속에서 지켜진다.

그 바위가 아름다울 수 있는 것은,
섬을 지키면서 오랜 기간 고통을 이겨냈기 때문이었다.
오랜 고난의 끝에, 찬란한 태양이 떠오르면
영광을 얻을 수 있다.

하나님을 찾아 나선 이곳에서
하나님의 음성을 듣는다.

"내가 베푼 일터로 다시 돌아가라!"

"제 자리를 지킨 바위처럼, 네 자리를 지켜라!"

"십자가를 지고, 교회를 세우고, 세상을 구원하라!"

이제 나는 기쁘게 고백한다.

"내가 이제 너희를 위하여 받는 괴로움을 기뻐하고

그리스도의 남은 고난을

그의 몸된 교회를 위하여 내 육체에 채우노라"(골 1:24).

좋은 땅으로 변화되다!

파도는 "묵은 땅을 기경"(호 10:12)하는

놀라운 하나님의 선물이다.

믿음으로 파도에 몸을 맡기니,

저절로 "좋은 땅"(마 13:8)으로 기경된다.

파도는 "길가"(마 13:4)처럼 딱딱하게 굳은 마음을 때려서,

주님 말씀을 받아들일 수 있는 부드러운 마음이 되게 한다.
이제 더 이상 좋은 것을 "악한 자"(마 13:19)에게 빼앗기지 않는다.

파도는 내 안에 자리 잡고 있는 "돌밭"(마 13:5)을 때려서,
크고 작은 돌멩이들을 깨뜨린다.
파도와 싸우는 동안 "환난이나 박해"(마 13:21)를 이길
믿음을 얻는다.

파도는 내 삶에 무섭게 자라나는 "가시떨기"(마 13:7)를 쳐서,
믿음을 죽이는 '걱정'이라는 이미지,
소망을 막는 '재물'의 이미지,
사랑을 방해하는 '향락'의 이미지를 없애고, 새롭게 한다.

이제는 급하게 서두르지 않는다.
낙심하거나 포기하지도 않는다.
"좋은 땅만 될 수 있다면, 무엇을 더 바라겠는가!"

하나님께서는 공평하시다.
나에게만 특별히 많은 것을 주시지 않는다.
세상 모든 사람들에게 골고루 은혜를 뿌려주신다.
사랑의 씨앗! 소망의 씨앗! 믿음의 씨앗! …
그러나 받는 사람에 따라 열매는 다르다.

'의인'은 옥토와 같아서
심겨진 씨앗이 잘 자라나 좋은 열매를 맺는다.
반면에 '악인'은 밭이 좋지 않아서 열매를 맺지 못한다.
결국 의인만이 하나님의 선물을 받아 누릴 수 있는
복된 존재인 것이다.

하나님께서는 우리에게 희생을 요구하신다.
이때, 의인은 희생의 가치를 알고 기뻐한다.
악인은 자기 이익을 위하여 희생의 자리를 피한다.

남을 위해 희생하면, 몸은 힘들지만 마음은 참 편안하다.
내 몸을 위해 희생을 피하면, 몸은 편하지만 마음은 불편하다.

놀라운 것은
몸이 편한 것보다 마음이 편한 것이 더 좋다는 것이다.
몸이 편한 인생은 하나님과 사람들에게 불편한 존재가 되지만,
마음이 편한 인생은 하나님과 사람들의 기쁨이 된다.

두 개의 십자가가 하나 되다!

그림에는 두 개의 십자가가 있다.

한 개는 물 안에 있다.

그것은 나의 반석이 되는 예수 그리스도의 십자가이다.

또 한 개는 물 위에 있다.

그것은 내가 짊어져야 할 나의 십자가이다.

이 십자가는 두 개가 아니라, 하나다.

주님의 십자가 위에서, 내 십자가가 자유롭게 물결친다.

주님의 십자가는 뿌리이고,

내 십자가는 그 위에서 자라난 열매다.

어릴 때는 세상이 나를 중심으로 움직이는 줄 알았다.
부모님, 형제들, 세상 모든 사람들이 나만 보는 줄 알았다.
그러나 지금 성숙한 어른이 된 나는
세상이 나를 중심으로 움직이지 않는다는 것을 분명히 안다.
세상의 중심에 우리 주 예수 그리스도께서 계신다.

주님의 십자가는 교회의 반석이다.
반석 위에 세워진 교회는 "음부의 권세"(마 16:18)를 이겼다.

교회는 십자가 위에서 자유를 누린다.
무슨 말씀을 하시든 순종하겠다는 믿음의 결단으로!

목회 일기

몇 년 전에 학생부 수련회를 갔었다.
모든 행사를 잘 마치고 돌아오는 차안에서
학생부 회장이 수련회 때 찍었던 사진을 보고 싶다며,
디지털 카메라를 빌려갔다.

얼마 후, 카메라를 들고 와서 거의 울 것처럼 말했다.
"목사님 죄송해요. 사진이 전부 지워졌어요."
자신이 잘못 나온 사진을 지우려다가
모든 사진을 지우게 된 것이었다.
너무나 화가 났지만, 간신히 참았다.
이것을 알게 된 다른 친구들은 회장에게 온갖 야유를 퍼부었다.

며칠 후, 한 학생이 찾아와서 고백했다.
그는 교회에 나온 지 한 달 정도 된 새가족이었다.
"목사님, 사실은 수련회 때 찍은 사진은 제가 지운 거예요.
그런데 회장이 제 대신 목사님께 혼난 거예요. 죄송해요."

아무 잘못 없는 회장은
자기 친구의 죄를 대신 짊어졌다.
눈으로 드러나는 결과는
다른 많은 친구들로부터 조롱을 당한 것이었다.

그러나 진짜 죄를 범했던 친구는 얼마나 크게 감사했을까?

이 사실을 알게 된 나도 회장에게 크게 감동했다.

또한 하나님께서는 얼마나 기쁘게 바라보셨을까?

시간이 지날수록 회장의 삶의 가치는 더 커지지 않았을까?

"우리 주 예수 그리스도의 은혜를 너희가 알거니와

 부요하신 이로서 너희를 위하여 가난하게 되심은

 그의 가난하심으로 말미암아

 너희를 부요하게 하려 하심이라"(고후 8:9)

더 깊은 바다로 가다!

그림을 자세히 보니 밀물이 아니라, 썰물이다.
나에게 밀려오는 무거운 짐은 주님께서 대신 지셨다.
이제 나는 십자가에 달리신 주님과 하나 되어,
나의 십자가를 지고 세상을 향해 뻗어 나가라는
부르심을 받는다.

이제 나는 바다에 빠진 자를 구원하는
"사람을 낚는 어부"(마 4:19)가 된다.

주님 품에 안겨,
주님과 하나 되어,
깊은 바다에서도 마음껏 헤엄치며,
사람을 낚는다.

나는 '밀물'이 되어 세상의 중심에 계신
주님께로 나아가 십자가를 진다.

또한 나는 '썰물'이 되어,
십자가를 지고 세상을 구원한다.

8. 죽음을 이긴 '생명'

그러나
내게는
우리
주 예수 그리스도의 십자가
외에
결코
자랑할
것이
없으니
갈
6
14

십자가에 핀 생명
oil on canvas 130.3 × 89.4

가득한 상처와 아픔

그림 전체를 가득 메운 바위는

답답하고 꽉 막힌 현실, 도저히 뚫을 수 없는 단단한 장벽이다.

바위는 온통 깨져 있다.

두들겨 맞아 부셔지고 상처받은 바위,

모진 풍파를 버티며 외롭게 서 있는 바위,

더 이상 나를 건드리지 말라는 뼈아픈 울부짖음이 들린다.

그래서 뾰족뾰족하게 공격하듯이 날을 세우고 있다.

'나만 아파했던 것이 아니라, 너도 아팠구나!'

그 상처를 보니, 내가 더 미안하다.

오랜 세월동안 상처 받았을 세상…

그래서 나에게 상처를 전해줄 수밖에 없는 세상…

다시 한 번 그림을 보니,

그것은 또한 상처받은 나 자신의 자화상이다.

생기를 잃고, 딱딱하게 굳은 내 자아!

그 누구의 접근도 막고, 남에게 상처 주는 내 교만한 자존심!

상처를 주면서도 감각이 없는, 불쌍한 나!

겉으로는 강하게 날을 세우고 있지만,

속으로는 처절하게 울고 있다.

목회 일기

2006년 6월, 강남대학교 정문 앞에 태평양교회를 개척했다.
동네 한 바퀴를 돌면서 감사로 기도했다.
"지금 나에게도 십자가 사명을 주셔서 참 감사합니다.
 한 사람도 모이지 않아도,
 주님께서 주신 나의 십자가를 지고 주님을 따르겠습니다."

한 명, 두 명…, 가지각색 사람들이 교회를 찾아왔다.
예배당 입구에서 안을 들여다보고 뒷걸음치는 사람,
기도를 하고 눈을 떠보니 예배 도중에 이미 사라진 사람,
예배 후, 반갑게 인사하면,
잠깐 왔다며 피하듯이 도망치는 사람,
믿을 수 없는 사람들…
기대할 수 없는 미래…
아내와 두 아들과 함께
교회에서 가족 예배를 드릴 때가 많았다.
월세를 내는 날은 왜 그리도 빨리 오는지.

우리 교회만의 현실은 아니었다.
목회를 하면서 차를 팔고, 사택을 줄이고,
결국 교회를 옮기는
선배 목사님들을

가까운 곳에서 만날 수 있었다.

교회만의 문제도 아니었다.
상가 6층에 교회를 개척한 후,
문을 닫고, 간판을 바꾸는 영업점들을 자주 볼 수 있었다.

어디로도 피할 수 없는 꽉 막힌 답답함!
사방으로 에워싼 듯한 압박감!

"하나님! 왜 침묵하십니까?"
"하나님! 나는 무엇을 어떻게 해야 합니까?"
"하나님! 나는 할 수 없습니다."
"하나님! 오직 하나님의 구원을 갈망합니다."

빛의 지혜

빛이 바위를 가득 덮었다.
그 모든 것을 감싸고도 남을 만큼 빛이 비추인다.

이제야 비로소
나는 바위를 제대로 보게 된다.
깨진 조각, 상처, 그림자, 변두리 작은 나뭇잎까지도 하나 되어
'십자가 형상'이 완성되어 있다.

죄와 상처가 세상에 가득 한 것처럼 보였지만,

빛이 온 세상을 덮었다.
그리하여 빛의 지혜는 바위에서 십자가를 보게 한다.

빛이 세상에 왔을 때,
유대인은 비위에 거슬려 핍박하고,
헬라인은 미련하다고 외면하고,
가룟 유다는 배신하고,
제자들은 도망가고,
군병들은 십자가에 못 박고….

그런데 신비롭게도
이 모든 것들이 합력하여 걸작품이 완성되었다.
"우리 주 예수 그리스도의 십자가"(갈 6:14)

전도할 때, 외면하거나, 전도지를 찢거나, 방해하는 사람들,
교회 성장을 이루지 못한 나를 훈계하는 똑똑한 기독교인들,
그러나 찾아와서 한 식구가 된 우리 성도들,
끝까지 기도로 함께 하는 부모님과 형제와 가족들,
모두가 합력하여 십자가가 완성된다.

세상에는 죄와 상처, 온갖 괴로움이 가득한 듯 했지만,
그 모든 것들이 십자가를 만들었다.
빛이 비추니, 그 모든 것은 선명해졌다.

난 아직도 어떻게 해야 교회가 성장할 수 있을지 모른다.
그러나 삼위일체 하나님께서 함께 하시니,
그 능력으로 저절로 부흥한다.

또한 나와 함께 하며 지혜를 모은 성도들!
우리가 합력하니
세상 그 누구보다 지혜로운 교회가 된다.

나는 약하나,
"모든 것이 합력하여 선을 이루느니라"(롬 8:28)
내 어찌 십자가만 자랑하지 않을 수 있을까?

"그러나 내게는
우리 주 예수 그리스도의 십자가 외에
결코 자랑할 것이 없으니"(갈 6:14)

목회 일기

급하게 춘천에 다녀올 일이 생겼다.

할 일이 많은데…,

길에서 낭비될 시간이 아까웠다.

운전대를 잡자,

빨리 목적지에 도착해야만 한다는 압박감에 눌렸다.

주위에서 함께 달리는 차들은 앞길을 가로막는

장애물일 뿐이었다.

내 길을 가로막을 때마다 알 수 없는 분노가 생겼다.

얼마쯤 갔을까?

아름다운 산,

멋지게 피어난 단풍,

함께 어우러져 흐르는 강,

말로 형용할 수 없는 감동이 눈앞에 펼쳐졌다.

내가 지금 어디로 가고 있는지…

무엇을 하고 있는지…

나도 모르게 속도를 줄였다.

조금이라도 더 멈춰 서서, 함께 어우러지고 싶었다.

찬란한 빛은 빨리 달려야만 하는 이유와

분노의 근원을 덮었다.

앞을 가로막고 천천히 달리는 차 때문에,
더 이상 화가 나지 않았다.
오히려 함께 어우러져 함께 즐겼다.
지금 여기에 가득한 하나님의 은혜가
모든 답답함을 씻어버렸기 때문이다.
그것은 우리가 함께 즐기고, 나누기에 충분했다.

견고한 바위도 깨뜨리는 능력

전태영작가는 바위의 중심에 생명을 그렸다.
바위의 심장에 작은 생명이 피어있다.
생명의 신비! 그 경이로움!
어떻게 메마르고, 딱딱한 고통과 죽음 속에서
피어날 수 있을까?

생명은 무섭고 강하다.
처음에는 잘 보이지도 않는 작은 씨앗에 불과했지만,
결국 세상을 가득 메운 바위를 무너뜨리는 진짜 힘이었다.

예수님께서는 제자들에게 십자가를 말씀하시면서,
함께 부활을 말씀하셨다.
상상력이 부족한 제자들은

눈앞에 보이는 잔인한 십자가의 고통 때문에
그 중심에서 피어날 부활의 영광을 꿈꾸지 못했다.
그래서 십자가를 사랑하지도, 자랑하지도 못했다.

세상을 가득 채운 것처럼 보이는 바위에 현혹되면,
나도 생명을 잃은 돌멩이가 된다.
아무리 크고,
견고하고,
아름다워도
결국 부서질 돌덩어리!

그러나 나는 아무도 모르게 바위 속에 심어져,
바위 속으로~
속으로~ 속으로~
파고드는 부활의 능력!
그 찬란한 영광을 믿고, 소망하고, 사랑한다.

중심에서 피어난 작은 생명을 보라!
가득한 바위 속에서 피어난 나약한 생명!
곧 죽어 없어질 것 같은 힘없는 생명!
그러나 그것은 생명이다.
생명이 생명을 낳고,
결국 세상은 생명으로 가득하다.

목회 일기

처음 교회를 개척했을 때,
반주자가 없어서 무반주로 예배를 드렸다.
반주기를 구입하라는 권고를 많이 받았지만,
반주자를 창조해주실 하나님을 믿었다.

하나님께서는 아무 것도 없는 '무'(無)에서
생명력이 넘치는 '유'(有)를 창조하셨다.
"태초에 하나님이 천지를 창조하시니라"(창 1:1)
생명의 탄생으로 죽음의 그림자는 사라졌다.
믿음으로 창조의 영광을 기다렸다.

1년 쯤 지났을 때, 피아노 반주자가 창조되었다.
또 얼마 후, 드럼 반주자도, 찬양 인도자도, 싱어도,
교회학교 교사도, 선교회 회장도, 숨은 봉사자도 창조되었다.

창조된 하나님의 피조물들은 생명력이 넘쳤다.
시작은 아주 미약했지만,
조금씩 거친 바위가 깨지기 시작했다.
생명의 뿌리는 아무도 보이지 않는 곳에서
그렇게 바위를 깨뜨렸다.

우리는 주님 안에, 주님은 내 안에 계시다.
우리 안에는 생명이 있다.
우리는 이미 세상을 이겼다.
나는 믿는다.

나의 유일한 자랑

우리 교회에서 이 그림을 전시했을 때,
많은 사람들이 보았다.
어떤 사람은 무관심하다는 듯 살짝 보고 지나쳤다.
어떤 사람은 이것이 그림인지, 사진인지 물었다.
또 어떤 사람은 이것이 얼마냐고 물었다.

그러나 나는 십자가를 보는 눈이 열린 이후,
'그리스도의 십자가' 외에 다른 것은 보이지 않게 되었다.

더 이상 다른 것은 보이지 않았다.
내 눈에는 오직 십자가만 보였다.

가득한 십자가의 은혜!
죽음을 이긴 생명!
세상을 구원한 놀라운 하나님의 선물!

나에게 더 이상 다른 소망은 없다.
어찌 내가 십자가만 자랑하지 않을 수 있겠는가?

"그러나 내게는
우리 주 예수 그리스도의 십자가 외에
결코 자랑할 것이 없으니"(갈 6:14)

목회 일기

개척 초기,

중학생 교복을 입고 공원에 앉아있던 소녀에게 복음을 전했다.

심심했던지 듣기도 하고, 묻기도 하며 진지하게 내 말을 들었다.

30분쯤 지났을까?

중학생 소녀는 이제 가야 한다며 말했다.

"사실 난 여호와의 증인이에요.

우리는 전도할 때, 다른 것은 주지 않아요. 오직 진리만 말해요.

그런데 왜 기독교는 전도하면서 자꾸만 다른 것을 주나요?

진리에 대한 확신이 없거나, 진리가 없기 때문이 아닌가요?"

그리고 내가 대답할 틈도 없이 벌떡 일어나 가버렸다.

가슴이 먹먹했다.

이것은 앞으로도 더욱 더 십자가만 자랑하라는

주님의 강력한 메시지였다.

초대교회, 예수님의 제자들은 오직 복음만 전했다.

바울은 전도할 때, 자신의 유식한 지혜나

말재주로 하지 않았다.

오직 십자가만 알았고, 십자가만 자랑했다.

물론 고난이 있었지만,

세상을 뒤집어버리는 능력이 나타났다.

우리는 대중이 원하는 대로

적당히 십자가를 감추고 있지는 않은가?

관객이 듣기 좋아하는 설교,

감정을 자극하며 감동을 주려는 예배 시간,

세상을 만족시키는 좋은 프로그램,

편히 쉴 수 있는 좋은 공간과 시설…

가장 중요한 십자가는 외면한 채!

"사람이 만일 온 천하를 얻고도

자기를 잃든지 빼앗기든지 하면 무엇이 유익하리요"(눅 9:25)

9. 지혜 중의 '지혜'

십자가의 도가 멸망하는 자들에게는 미련한 것이요 구원을 받는 우리에게는 하나님의 능력이라 기록된 바 내가 지혜 있는 자들의 지혜를 멸하고 총명한 자들의 총명을 폐하리라 하였으니 지혜 있는 자가 어디 있느냐 선비가 어디 있느냐 이 세대에 변론가가 어디 있느냐 하나님께서 이 세상의 지혜를 미련하게 하신 것이 아니냐 하나님의 지혜에 있어서는 이 세상이 자기 지혜로 하나님을 알지 못하므로 하나님께서 전도의 미련한 것으로 믿는 자들을 구원하시기를 기뻐하셨도다 유대인은 표적을 구하고 헬라인은 지혜를 찾으나 우리는 십자가에 못 박힌 그리스도를 전하니 유대인에게는 거리끼는 것이요 이방인에게는 미련한 것이로되 오직 부르심을 받은 자들에게는 하나님의 능력이요 하나님의 지혜니라 하나님의 어리석음이 사람보다 지혜롭고 하나님의 약하심이 사람보다 강하니라   고전 1:18~25

바라봄
oil on canvas 41.0 × 31.8

허상을 쫓는 사람들

많은 사람들이 크고, 비싸고, 화려한 작품에 몰려 있다.
많이 모여 있으니, 더 많은 사람들이 몰린다.
그들은 '강렬한 이미지'를 따른다.

화려한 이미지는 '욕심'을 자극한다.
사실 그것은 "재물"(눅 8:14)이라는 가시떨기이다.
우리의 성장을 막는 '부유함이라는 허상'이다.

"돈이면 다 된다"는 이미지에 사로잡히면,
자기도 모르게 돈을 주인으로 알고 섬기게 된다.

주님을 사랑하지만, 돈을 더 사랑한다.
마귀는 예수님께 천하만국을 보여주며 유혹했다.
"네가 만일 내게 절하면 다 네 것이 되리라"(눅 4:7).

단지, 단 한 번만, 마귀에게 절하면 된다.
마귀의 제안은 쉽게 내 문제를 해결해주며,
내 욕심을 채우기에 충분하다.

물론 우리는 "욕심이 잉태한즉 죄를 낳고
죄가 장성한즉 사망을 낳느니라"(약 1:15)는 것을 안다.
그러나 이 강렬한 이미지의 유혹에서 벗어날 수 있을까?

목회 일기

"유대인은 표적을 구하고 헬라인은 지혜를 찾으나" (고전 1:11)

유대인이 구한 '표적'은 눈에 보이는 확실한 '증거'다.

헬라인이 찾는 '지혜'는 듣고 이해할 수 있는 확실한 '자료'다.

그들이 증거 자료를 찾는 이유는 '믿음'이 없기 때문이다.

거짓이 가득한 세상에 살면서, 하도 많이 속았기 때문에

자기 눈으로 보고, 자기 귀로 들어서 확실한 것만을 믿는다.

그러나 표적을 구하고, 지혜를 찾는 인간을 속이기는 아주 쉽다.

이단에 많은 사람들이 몰리는 것만 봐도 알 수 있다.

어떤 권사가 이단에 빠졌다.

이단의 정체를 폭로하고, 복음을 전했지만, 소용없었다.

"나도 성경을 알만큼은 압니다.

옳고 그른 것은 제가 판단하겠습니다.

그렇게 많은 사람들이 그곳에 모인 것을 보면,

뭔가 있는 것입니다.

그곳에 성령 충만의 역사가 나타나는 것이 분명합니다.

하나님께서 하시지 않았다면,

어떻게 그렇게 많은 사람들이 모일 수 있겠습니까?"

그는 진리를 선택한 것이 아니라,
'축복의 이미지'에 끌려간 것이었다.

요즘은 수많은 영상자료 등을 통해
크고 좋은 집, 멋진 자동차, 아름다운 옷 등을 자주 본다.
그것들을 소유하고 멋지게 사는
연예인, 경제인, 정치인들이 많다.
자기도 모르게 '성공의 이미지'에 사로잡힌다.
부러움과 시기가 가득하여,
믿음을 잃어버리고, 성공을 숭배한다.

한 작은 아이를 보다

어른들은 서서 분주하게 부귀영화를 쫓고 있지만,
이 아이는 홀로 가만히 앉아있다.

아이의 얼굴에는 잔잔한 미소가 있다.
눈을 크게 뜨고,
자기를 부르시는 그리스도만 바라보기 때문이다.

"믿음의 주요 또 온전하게 하시는 이인 예수를 바라보자

그는 그 앞에 있는 기쁨을 위하여

십자가를 참으사 부끄러움을 개의치 아니하시더니

하나님 보좌 우편에 앉으셨느니라"(히 12:2)

주님을 바라보는 아이는, 주님의 음성을 듣는다.

주님의 부르심은 이 아이를 위대하게 했다.

많은 사람들 중에 하나가 아니라,

나 하나로서 특별한 존재가 되게 했다.

목회 일기

전도사 때는 제법 큰 교회에서 사역을 했었다.
그때 멀리서 새벽기도회를 참석하는 권사님이 계셨다.
그 한 분을 위해 새벽마다 30분 먼저 일어나서
차량운행을 했다.
겉으로는 웃었지만, 솔직히 속으로는 불평이 나왔다.
"새벽기도회 정도는 가까운 교회에서 드리시면 참 좋을 텐데…"
어차피 우리 교회는 많은 사람들이 참석하기 때문에
한 사람 정도는 빠져도, 나에게는 별 문제가 없었다.
나를 힘들게 하는 한 사람은 없어도 그만이었다.
열심히 사역한다고 생각했지만, 영혼을 사랑하지 않는 가짜였다.

교회를 개척하자, 상황은 달라졌다.
아내를 빼면, 새벽기도회에 참석하는 성도는 한 명도 없었다.
처음으로 교인 한 분이 새벽기도회에 나오겠다고 했다.
그런데 집이 멀어서 차량운행을 부탁했다.
난 너무 행복했다. 한 분을 위해 새벽마다 30분 먼저 일어나
차량운행을 하는 것이 큰 기쁨이 되었다.
새벽에 운행할 때마다 과거의 내 모습을 회개했다.

한 사람에게 힘과 시간을 뺏기는 것보다
많은 사람들을 위해 일하는 것이 더 효율적이고 합리적이다.

그러나 교회를 개척한 후,

한 영혼이 얼마나 귀한지 절실하게 깨달았다.

한 영혼을 위해 눈물을 흘리며 기도하는 맛을 안다.

잃어버린 한 마리 양을 찾기 위해,

아흔아홉 마리 양을 산에 두고,

길을 떠나셨던 주님의 마음을 조금은 알게 되었다.

작은 교회는 크기, 물질, 숫자 등 여러 가지 면에서 부족하다.

그래서 하나님께서 얼마나 강력하게 역사하시는지

체험하게 된다.

이렇게 약한 나를, 하나님께서 얼마나 강하게 사용하시는지….

오직 그리스도만 보다

소년이 바라보고 있는 것은 '예수님의 얼굴'이다.
믿을 수 없겠지만, 이것은 직접 그린 것이 아니다.

그림을 그린 이 캔버스는 원래 전태영작가의 '파레트'였다.
수많은 물감들을 짜놓고, 색깔을 배합하던 곳이었다.
이렇게 십여 년이 지난 후, 여기에 한 형상이 나타났다.
그것은 바로 '예수님의 얼굴'이었다.

전태영작가는 예수님 얼굴을 중심으로 작품을 완성했다.
그리고 자기 노트에 이렇게 기록했다.

"많은 이들이 세상일에 관심하여도
많은 작품이 세상 조명을 추구하여도

이 넓은 길을 벗어난
좁은 길에서

십자가만 증거 합니다.
주님만 바라봅니다."

전태영작가는 말했다.
"한국에는 20만 명 정도의 화가들이 있어요.
그런데 그 중에 제대로 그림을 그리는 사람은 10%뿐입니다.
또 그 10% 중에서도 사람들에게 인정받고,
생활할 수 있을 정도로 작품을 판매하는 작가는 10%뿐입니다.
이처럼 화가는 힘든 직업입니다.
그래서 많은 화가들은 사람들이 좋아하는 그림을 그리죠.
그래야 인기도 얻고, 작품도 잘 팔리고, 돈도 벌 수 있으니까요.
때때로 기독교 화가들 중에도
그런 사람들이 있다는 것에 화가 납니다."

일단은 성공의 이미지를 쫓아
사람들이 좋아하는 그림을 그려야 성공한다.
그러나 하나님께서는 결국 알곡과 가라지를 구별하신다.

알곡은 하나님의 기쁨이 되며, 가라지는 버려진다.

전태영작가는 그리스도만 바라보며,
그림 한 점에 최선을 다한다.
주님께서 인정하시는 작품을 그리기 위해 목숨을 건다.
그에게 그림은 사역이다.

그렇게 미련하게 그림을 그려서 제대로 먹고 살 수나 있을까?
그러나 주님께서는 기가 막힌 '능력'으로 살게 하신다.
어리석은 것 같지만, 측량할 수 없는 '지혜'로 이끄신다.

"우리는 십자가에 못 박힌 그리스도를 전하니
유대인에게는 거리끼는 것이요 이방인에게는 미련한 것으로되
오직 부르심을 받은 자들에게는 유대인이나 헬라인이나
그리스도는 하나님의 능력이요 하나님의 지혜니라"

(고전 1:23-24)

목회 일기

개척교회 겨울은 유난히 춥다~!

참 추운 광야다.

주일에는 모든 난방기를 켜고, 함께 모여 예배하며 기뻐하지만,

주중에는 난방비를 아끼기 위해 추운 예배당에서 그냥 버틴다.

하나님과 교회를 향한 뜨거운 마음이 있지만,

여전히 내 몸은 춥다.

"왜 봄은 오지 않는가? 봄은 언제 오려나? 과연 봄은 오는가?"

이런 것도 해보고, 저런 것도 해봐도 봄은 오지 않았다.

빈 예배당에 홀로 앉아 주님만 바라본다.

주님과 마주 앉아 이런 저런 생각에 잠겼다.

"봄이 오게 하려면, 어떻게 해야 할까요?"

그때, 주님께서 잠잠히 응답하셨다.

"너는 가만히 참고 기다려라!

봄은 내가 주는 선물이다! 내가 봄을 주겠다!"

그렇다!

봄날을 위하여 내가 할 수 있는 일은 하나도 없다.

단지 주님을 향한 뜨거운 마음으로 주님을 바라보고 있으면,

이미 봄은 여기에 있다.

오직 십자가에 못 박힌 그리스도만 보다

소년이 그린 그림을 보다.

"십자가에 못 박힌 그리스도"(고전 1:23)

예수님께서는 "우리 죄를 속하기 위하여

화목 제물"(요일 4:10)이 되셨다.

십자가에서 화목제물로 죽으실 것을 아시고,

스스로 십자가를 지셨다.

예수님께서는 십자가에서 고통당하면서도,

우리를 위해 기도하셨다.

"아버지 저들을 사하여 주옵소서

자기들이 하는 것을 알지 못함이니이다"(눅 23:34)

십자가에서 죽으면서도, 죽을 죄인에게 구원과 평화를 주셨다.
"내가 진실로 네게 이르노니
 오늘 네가 나와 함께 낙원에 있으리라"(눅 23:43)

십자가 사명을 완전히 이루신 후 큰 소리로 기도하셨다.
"아버지 내 영혼을 아버지 손에 부탁하나이다"(눅 23:46)

그리고 죽음을 이기시고 '부활'하셨다.
"십자가에 못 박히셨으나
 하나님의 능력으로 살아 계시니"(고후 13:4)

예수님께서는 이 모든 것을 이미 다 아시고,
미리 제자들에게 말씀하셨다.
"죽임을 당하고 제삼 일에 살아나야 하리라"(눅 9:22)

그러나 주님께서 십자가에 달리셨을 때, 제자들은 당황했다.
"설마 진짜로 우리 주님께서 죽으시다니."
부활을 상상할 수조차 없었기 때문이었다.
그래서 그들은 낙심하고 도망갔다.

예수님께서 미리 약속하신대로 3일 후에 부활하셨다.

이때 "여자들"(눅 24:1)은 일찍 일어나 주님의 무덤을 찾아갔다.

그들은 얼마나 주님을 사랑했는가?

얼마나 주님을 위해 헌신했는가?

그러나 그들은 부활을 믿지 않았다.

그래서 마음에 슬픔이 가득했다.

주님의 무덤이 빈 것을 봤을 때도 믿지 않고 근심했다.

그러자 천사가 나타나 그녀들을 혼냈다.

"어찌하여 살아 있는 자를 죽은 자 가운데서 찾느냐"(눅 24:5)

"여기 계시지 않고 살아나셨느니라

 갈릴리에 계실 때에

 너희에게 어떻게 말씀하셨는지를 기억하라"(눅 24:6)

여전히 많은 성도들이 부활에 대해 들어서 안다.

그러나 마음으로는 믿지 않는다.

그래서 십자가에 못 박힌 그리스도를 싫어하고,

기적과 축복과 승리를 주시는 영광의 주님만 좋아한다.

물론 십자가는 비참한 죽음이다.

그러나 부활의 영광에 이르는 영광된 죽음이다.

"우리는 십자가에 못 박힌 그리스도를 전하니"(고전 1:23)

"그리스도는 하나님의 능력이요 하나님의 지혜니라"(고전 1:24)

목회 일기

성화는 복음 전도의 좋은 도구다.
믿음이 있는 성도들은 더 깊은 은혜와 믿음을 얻게 되고,
믿음이 없는 사람들은 예수님을 영접하는 구원의 통로가 된다.

하루는 아들의 손을 붙잡고 여러 가지 작품들을 감상했다.
그때 아들이 예수님의 옆구리를 가리키며 물었다.
"아빠, 여기가 왜 이래?"
"응, 창으로 찔려서 그래!"

이번에는 손과 발을 가리키며 물었다.
"아빠, 왜 여기에는 구멍이 있어?"
"응, 예수님은 손과 발에 못이 박혀 돌아가셨단다."
"그런데 누가 이렇게 했어?"
"응, 나쁜 사람들이 했지"

우리 아들은 조금 고민하더니 다시 물었다.
"그러면, 착한 사람들은 다 어디에 갔어?"
나는 당황했다.
"음…… 다 도망갔지……."

나는 주님을 십자가에 못 박는 사람들을 향하여

아주 쉽게 '나쁜 사람'이라고 욕했다.

아마도, 나는 착한 사람이라고 생각하면서….

지금도 여전히 주님께서는

아주 가까운 곳에서 십자가에 못 박혀 계신다.

그곳을 피하지 않고, 주님과 함께 하며,

오직 십자가에 못 박힌 그리스도만 바라보는 사람은

어디 있는가?

아들이 묻는다.

"아빠, 착한 사람들은 다 어디에 갔어?"

10. 완벽한 '승리'

십자가로 그들을 이기셨느니라
골 2:15

여호와의 이름으로
oil on canvas 91.5 × 61.0

원수의 실체

한 소년이 당당하게 서있다.

그는 한 손에 막대기를 들고,

다른 손으로는 물매를 돌리고 있다.

앞에 있는 적을 향해, 물맷돌을 던질 태세를 갖췄다.

그러나 원수의 실체는 보이지 않는다.

그림자만 보일 뿐이다.

인류 첫 번째 인간은

맹렬하게 싸움을 걸어오는 대상을 분별하지 못했다.

결국 사탄과 한 편이 되어 하나님께 대항했다.

그 결과는 참담했다.

여전히 인간의 눈은 어둡다.

원수의 노예가 된 것도 모른다.

막연한 원수의 존재를 부정하지만,

욕심에 이끌려 원수와 하나 된다.

원수에 대한 막연한 두려움 때문에,

엉뚱한 적을 만들어 싸운다.

예수님께서는 '원수 사랑'에 대해

긴 시간 구체적으로 말씀하셨다.

우리가 엉뚱한 사람을 원수 삼았기 때문이 아닐까?

게다가 그 원수는 그리 멀리 있지 않다.

아주 가까이 있다.

이럴 수가!

교회 안에도 나를 미워하고, 괴롭히는 원수가 있다.

심지어 "사람의 원수가 자기 집안 식구리라"(마 10:36)

어떻게 가족이 원수가 될 수 있을까?

도대체 언제부터, 어떻게 인간과 인간이 원수가 되었을까?

태초의 인간은 두 아들, 곧 가인과 아벨을 낳았다.

그런데 형은 동생에게 하나님의 사랑을 빼앗겼다고 판단했다.

시기가 점점 더 커져서 미움이 되었고,

결국 동생이 원수가 되었다.

동생이 죽일 만큼 미운 원수가 된 것은 죄의 결과였다.

사실 사람은 원수가 아니다.

진짜 원수는 다른 곳에 있다.

"우리의 씨름은 혈과 육을 상대하는 것이 아니요

 통치자들과 권세들과 이 어둠의 세상 주관자들과

 하늘에 있는 악의 영들을 상대함이라"(엡 6:12)

그러나

어리석은 인간은 욕심에 사로잡혀,

하나님과 사람을 보지 못한다.

우리의 대적이 누구인지 분명하게 분별할 수 있다면….

목회 일기

고등학교 때, 기독교 동아리 활동을 열심히 했다.
친구들과 함께 '팝에 나타난 사탄의 사건'에 대해 연구했다.
사탄을 연구하는 일은 흥미롭고, 재미있었다.
많은 사람들에게 사탄의 실체를 폭로하면서,
마치 사탄을 몰아내는 영웅이 된 듯한 느낌이 들었다.

그런데 사탄을 자주 생각하니,
사탄이 마치 내 옆에 가까이 있는 것 같았다.
자주 사탄을 느꼈고, 사탄의 꿈을 꾸기도 했다.
"이건 뭔가 잘못 되었다!"

기도하던 중, 하나님의 세미한 음성이 들렸다.
"가라지를 뽑으려고 애쓰지 말라!
나를 더 깊이 묵상하라! 내가 너와 함께 하겠다.
사탄은 저절로 물러가고,
너는 저절로 승리하게 될 것이다!"

왜 내 소중한 시간을 주님께 드리지 못하고,
사탄을 연구하는데 허비했을까?
왜 주님과 좀 더 친밀하고, 깊은 관계를 맺지 못했을까?

빛 가운데 있으면,
어둠은 저절로 물러간다.
십자가에 집중하라!
십자가를 높이 들라!

"십자가로 그들을 이기셨느니라"(골 2:15)

하나님의 전략대로 : 믿음의 승리

막대기와 물맷돌을 들고 서 있는 소년은 '다윗'이다.
그 앞에 서 있는 원수는 무시무시한 장수 '골리앗'이다.
객관적으로 볼 때, 이 싸움의 승리자는 골리앗이다.

만약에 골리앗이 막대기와 물맷돌을 들고,
반대로 다윗이 칼과 방패를 들고 싸운다고 해도
싸움꾼 골리앗이 이길 것이 분명했다.

그러나 현실은

거인 골리앗이 갑옷을 입고, 철검과 방패로 무장했다.

소년 다윗은 고작 막대기, 물매, 돌멩이 5개만 들고 있을 뿐이다.

다윗이 이길 수 없는 싸움이다.

다윗도 알고 있다.

그러나 소년 다윗의 얼굴에는 패배의 어두운 그림자가 없다.

오히려 담대한 믿음으로 승리를 확신한다.

"전쟁은 여호와께 속한 것"(삼상 17:47)이기 때문이다.

그러므로 하나님의 능력을 믿고,

자기 몸을 "의의 무기"(롬 6:13)로 하나님께 드렸다.

소년이 들고 있는 돌멩이는

그 누구도 그것을 전쟁 무기로 여기지 않았다.

멸시받고, 버림받은 예수님과 그분의 십자가처럼!

그러나 하나님께서는

'십자가'에서 "단번에"(히 10:10) 승리할 전략을 세우셨다.

예수님께서는 하나님의 작전대로, 꼭 그대로 행하셨다.

선지자들을 통해 예언된 말씀처럼,

아무 죄도 없는 분께서 순순히 잡히셨다.

"다 선지자들의 글을 이루려 함이니라"(마 26:56).

이삭이 자기를 태울 번제 나무를 지고
모리아 산에 오른 것처럼,
주님께서는 "자기의 십자가를 지시고
해골(히브리 말로 골고다)이라 하는 곳"(요 19:17)에 올라가
제물이 되셨다.

유월절 날에 흠 없는 어린 양의 피가
죽음의 사자를 물리친 것처럼,
주님께서는 스스로 "유월절 양"(고전 5:7)이 되시어
우리를 위해 피를 흘리시고
죽음의 권세에서 우리를 구원하셨다.

속죄일에 우리 죄를 대신 지고 성문 밖,
광야에 버려진 아사셀처럼,
주님께서는 친히 우리 모든 죄를 짊어지고,
"성문 밖에서"(히 13:12) 고난을 받으시고 죽으셨다.

그러나 "십자가에 못 박게 할 것이나
제삼일에 살아나리라"(마 20:19)는 말씀대로 '부활'하셨다.

"십자가로 그들을 이기셨느니라"(골 2:15)

목회 일기

하루는 교회로 가던 길이었다.

어떤 사람이 다가와 50,000원짜리 상품권을

공짜로 주겠다고 했다.

단지, 1년만 신문을 구독하면 된다.

이것은 신문을 팔기 위한 전략이었다.

이처럼 세상은 상품을 팔기 위해 우리를 속인다.

예쁘게 포장하여, 그것이 대단한 것처럼 꾸민다.

그것만으로는 부족하다.

'공짜'라고 속이거나, '공짜'를 더하여 주기도 한다.

그래서 살까말까 망설이는 사람,

심지어 그 물건이 전혀 필요 없는 사람의 마음까지도 움직인다.

그러나 성경은 정반대이다.

얻을 것을 말하기 전에,

잃어버릴 것부터 먼저 말한다.

좋은 것을 얻기 위해서는 나쁜 것부터 정리해야 한다.

먼저 십자가를 짊어져야 하고,

다음에 부활의 영광을 누린다.

마태복음에서 예수님의 첫 번째 설교는

"회개하라"(마4:17)는 것이었다.

복을 먼저 주셨다면, 더 많은 전도의 결실도 있고,

핍박도 피할 수 있었을 텐데….

그러나 먼저 '회개'를 선포하는 것은 주님의 방법이었다.

자기 욕심을 손에 꽉 쥐고 있는 자에게

무엇을 줄 수 있을까?

그것은 돼지 앞에 진주를 던지는 것과 같아서,

"그들이 그것을 발로 밟고

돌이켜 너희를 찢어 상하게"(마 7:6)할 것이다.

이미 이긴 싸움 : 소망의 승리

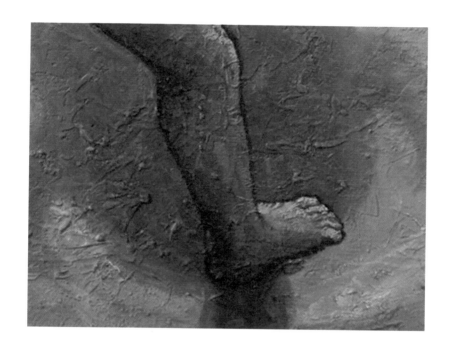

소년은 지금 강력한 대적의 그림자를 밟고 있다.

이처럼 굳게 서서 '버티는 것'이 믿음이다.

싸움은 아직 시작되지도 않았지만,

그는 이미 이겼다.

어떻게 소년은 원수를 밟고 버틸 수 있었을까?

원수는 빛을 등지고 있고,

소년은 빛을 보고 있기 때문이다.

어둠의 그림자는 실체보다 더 크게 보인다.

그래서 원수는 나를 덮을 만큼 막강하고, 두려운 존재가 된다.

그러나 빛을 보니 모든 것이 선명해졌다.

그것은 작은 돌멩이 하나로도 가볍게 무찌를 수 있는

허상일 뿐이었다.

"여자의 후손은 네 머리를 상하게 할 것이요

너는 그의 발꿈치를 상하게 할 것이니라"(창 3:15)

하나님의 말씀대로

예수님께서는 십자가에서 원수의 머리를 밟으셨다.

십자가에서 이미 이루신 확실한 승리를 믿고 소망한다.

"너희 안에서 착한 일을 시작하신 이가

그리스도 예수의 날까지 이루실 줄을 우리는 확신하노라"(빌 1:6)

목회 일기

큰 아들이 처음으로 초등학교에 들어갔을 때,
걱정이 생겼다.
"나쁜 친구들을 사귀면 어쩌지?
괴롭힘을 당하면 어쩌지?
좋은 친구들만 사귀고,
좋은 선생님만 만나고,
좋은 일들만 있으면 좋겠다."

그런데 기도하는 가운데,
내가 얼마나 무식한 아빠인지 깨달았다.
"이 악한 세상에서, 상처를 주는 친구를
만나지 않을 수 있을까?
좋은 환경에서, 좋은 사람들만 만난다면,
큰 인물이 될 수 있을까?
주님께서는 고난을 통해 믿음을 연단하시는데,
왜 나는 내 아들을 약하게 키우려고 하는가?"

소망의 빛을 바라보면서, 기도가 바뀌었다.
"주님! 내 아들을 주님께 드립니다.
고난을 피하지 않는 용기 있는 아들이 되게 하옵소서!
내 아들에게 감당할 수 있는 고난을 주시고,

고난을 통해 연단하옵소서!

어려운 일을 당한 친구를 본다면,

가장 먼저 도와줄 수 있는 자가 되게 하옵소서!"

세상을 덮은 지혜 : 사랑의 승리

소년은 빛을 보고 있다.

빛은 모든 것을 분명하게 한다.

빛은 소년을 감싸고, 원수도 덮었다.

빛에 사로잡힌 소년도 빛이 되었다.

이제 원수의 허물을 덮을 수 있다.

빛을 보지 못하는 원수까지도 품는 것이 진짜 승리다!

이것이 주님께서 십자가에서 이루신 사랑의 승리다!

"아버지 저들을 사하여 주옵소서
자기들이 하는 것을 알지 못함이니이다"(눅 23:34)

스데반은 예수님 때문에
불의한 미움과 불법적인 정죄를 받았다.
그가 잘못한 것은 없었지만,
사람들은 그를 붙잡아 돌로 쳐서 죽였다.
스데반이 죽어갈 때, 사단이 속삭였을 것이다.
"돌을 던지는 저 원수들을 저주해라!
저들을 미워하고 욕해라! 복수해라!"

그러나 스데반은 사단의 말에 속지 않았다.
"성령 충만하여 하늘을 우러러 주목하여
하나님의 영광과 및 예수께서 하나님 우편에 서신 것을
보고"(행 7:55) 있었기 때문이었다.

그러자 돌을 던지는 사람들이 원수로 보이지 않았다.
원수에게 사로잡혀, 종노릇할 수밖에 없는
불쌍한 영혼으로 보였다.
그래서 예수님처럼 안타까운 마음으로 기도했다.
"주여 이 죄를 그들에게 돌리지 마옵소서"(행 7:60)

악을 악으로 갚는 것은 '복수'다.

드라마에 복수가 빠지면 재미없다.

복수는 짜릿한 쾌감을 주기 때문이다.

그러나 원수를 맺고, 원수를 갚는 일은 사단의 일이다.

너무 합리적인 방법이기 때문에, 찾는 이가 많다.

악을 선으로 갚는 것은 '사랑'이다.

원수를 사랑으로 감싸 안는 것이 선이다.

너무 어려워서 찾는 이가 적다.

그러나 이 사랑만이 용서와 회복을 낳고, 우리를 거룩하게 한다.

"악에게 지지 말고 선으로 악을 이기라"(롬 12:21)

소년은 완벽하게 승리했다.

손에는 십자가를 잡고 있고,

발로는 원수를 밟고 있으며,

눈으로는 빛이신 주님을 보고 있기 때문이다.

"세상에서는 너희가 환난을 당하나

담대하라 내가 세상을 이기었노라"(요 16:33)

이제 우리는 소망을 품고,

이미 이긴 승리를 노래할 수밖에 없다.

"새 노래"(계 5:9)로 승리를 찬양할 수밖에 없다.

다시 시작하는 글

오직 십자가

아이들과 친해지고 싶을 때가 있다.

그럴 때면, 주로 사탕으로 그 동심을 유혹한다.

아이들은 사탕을 보고 좋아하며,

쉽게 마음을 열고 내게로 온다.

아빠가 되어 보니,

사탕을 들고 찾아오는 어른들이 반갑지 않다.

사탕은 아이들의 몸에 해롭기 때문이다.

이빨을 썩게 만들고, 아토피를 유발한다.

그리하여 어쩔 수 없는 상황이 아니면, 사탕을 주지 않는다.

울면서 소리를 지르고, 발버둥 치면,

버릇을 고쳐주기 위해서라도 사탕을 주지 않는다.

그러나 아이들은 부모의 마음을 이해하지 못하고,

사탕을 주는 사람에게 달려간다.

그리고 승리의 미소를 짓는다.

어리석은 인간은 하나님의 마음을 모른다.

하나님께 받은 '십자가'가 얼마나 귀한 것인지 몰라

함부로 여긴다.

반면에 마귀가 주는 사탕에 속아 넘어간다.

왜 본질을 보지 못하고, 허상에 속게 되는 것일까?

죄를 이기지 못하는 한심한 나를 바라보며 탄식한다.

"이토록 강력한 죄를 어떻게 이길 수 있을까?"

자꾸만 나 자신을 책망하며, 점점 더 작아진다.

더 이상 예수님의 제자로서 명예를 지키기 어렵다.

이 상태로는 더 이상 하나님의 일을 할 수가 없다.

"후~, 이대로 무너지고 마는가?"

그러나 이때 주님께서 다정하게 말씀하신다.

"내가 의인을 부르러 온 것이 아니요

죄인을 불러 회개시키러 왔노라"(눅 5:32)

"아~! 그렇다!

주님께서는 '자책'이 아니라 '회개'를 명령하신다!"

이제 나는 주님 앞에서

나의 약함을 인정하고, 나의 죄악을 철저하게 고백한다.

그리고 주님의 용서를 전폭적으로 받아들인다.

누구든지

그리스도 안에 있으면

새로운 피조물이라

이전 것은 지나갔으니

보라 새 것이 되었도다

고후 5:17

여기, 세 개의 십자가가 있다.
"해골이라 하는 곳에 이르러 거기서
예수를 십자가에 못 박고
두 행악자도 그렇게 하니
하나는 우편에, 하나는 좌편에 있더라"(눅 23:33)

십자가에 달린 한 행악자는 끝까지 주님을 비방했다.
그 강도처럼 십자가를 싫어했던 나를 바라본다.
그러나 이제 주님의 보혈로 깨끗이 씻겨져 보이지 않는다.
"이전 것은 지나갔으니"(고후 5:17)

다른 한 행악자는 주님의 자비를 구했다.

나도 그와 함께 십자가에서 몸부림치며,

주님의 은혜를 갈망한다.

어느새 나는 믿음으로 산다.

"보라 새것이 되었도다"(고후 5:17)

이제 내 중심에 있는 십자가 앞에 선다.

그리스도의 십자가를 끌어안고, 하나 된다.

모든 흠은 사라지고, 거룩한 성도가 된다.

"그리스도 안에 있으면 새로운 피조물이라"(고후 5:17)

"누구든지"(고후 5:17) 할 수 있다.

"너희가 내 안에 거하고 내 말이 너희 안에 거하면
무엇이든지 원하는 대로 구하라 그리하면 이루리라"
- 요한복음 15장 7절 -

망망한 바다 한가운데서 배 한 척이 침몰하게 되었습니다.
모두들 구명보트에 옮겨 탔지만 한 사람이 보이지 않았습니다.
절박한 표정으로 안절부절 못하던 성난 무리 앞에 급히 달려 나온 그 선원이
꼭 쥐고 있던 손바닥을 펴 보이며 말했습니다.
"모두들 나침반을 잊고 나왔기에 … "
분명, 나침반이 없었다면 그들은 끝없이 바다 위를 표류할 수 밖에 없을 것입니다.

우리는 삶의 바다를 항해하는 모든 이들을 위하여
그 나침반의 역할을 하고 싶습니다.
우리를 구원하신 위대한 주 예수 그리스도를 널리 전하고 싶습니다.

"하나님은 모든 사람이 구원을 받으며
 진리를 아는 데에 이르기를 원하시느니라"
(디모데전서 2장 4절)

감추인 십자가를 그리다

지은이 │ 박영직
그린이 │ 전태영
발행인 │ 김용호
발행처 │ 나침반출판사

1판 발행 │ 2017년 7월 5일

등 록 │ 1980년 3월 18일 / 제 2-32호
주 소 │ 157-861 서울 강서구 염창동 240-21
         블루나인 비즈니스센터 B동 1607호
전 화 │ 본   사(02)2279-6321
         영업부(031)932-3205
팩 스 │ 본   사(02)2275-6003
         영업부(031)932-3207

홈페이지 │ www.nabook.net
이 메 일 │ nabook@korea.com
            nabook@nabook.net

ISBN 978-89-318-1538-2
책번호 가-3103

값은 뒷표지에 있습니다.

《맞춤형 30일간 무릎기도문 시리즈》

가정❶ 자녀를 위한 무릎기도문
가정❷ 가족을 위한 무릎기도문
가정❸ 남편을 위한 무릎기도문
가정❹ 아내를 위한 무릎기도문
가정❺ 태아를 위한 무릎기도문
가정❻ 아가를 위한 무릎기도문
가정❼ 재난재해안전 무릎기도문(부모용)
가정❽ 재난재해안전 무릎기도문(자녀용)
가정❾ 십대의 무릎기도문(십대용)
가정❿ 십대자녀를 위한 무릎기도문(부모용)

교회❶ 태신자를 위한 무릎기도문
교회❷ 새신자 무릎기도문
교회❸ 교회학교 교사 무릎기도문

365❶ 우리 부모님을 지켜 주옵소서(365일용)
365❷ 번성하게 하고 번성하게 하소서(365일용)
365❸ 자녀축복 안수 기도문(365일용)

기도❶ 선포(명령) 기도문

염려대신 기도합시다! 기도하면 문제가 해결됩니다!

"너희가 열매를 많이 맺으면 내 아버지께서
영광을 받으실 것이요 너희는 내 제자가 되리라"
- 요한복음 15장 8절 -